时代·财经
TIMES FINANCE

只 为 您 提 供 最 有 价 值 的 阅 读

陶红亮◎著

点赞交际学

从社交网络中获得红利

只需动动拇指，就能整合人脉资源，赞出“指尖上的红利”

时代出版传媒股份有限公司
北京时代华文书局

图书在版编目（CIP）数据

点赞交际学 / 陶红亮著 . -- 北京 : 北京时代华文书局 , 2014.7
ISBN 978-7-80769-700-8

Ⅰ . ①点… Ⅱ . ①陶… Ⅲ . ①网络营销 Ⅳ . ① F713.36

中国版本图书馆 CIP 数据核字 (2014) 第 129189 号

点 赞 交 际 学

著　　者 | 陶红亮

出 版 人 | 田海明　朱智润
策划监制 | 林少波
责任编辑 | 张彦翔
装帧设计 | 壹品堂　王艾迪
责任印制 | 訾　敬

出版发行 | 时代出版传媒股份有限公司　http://www.press-mart.com
北京时代华文书局 http://www.bjsdsj.com.cn
北京市东城区安定门外大街 136 号皇城国际大厦 A 座 8 楼
邮编：100011　　电话：010 - 64267120　64267397
印　　刷 | 三河市南阳印刷有限公司　0316-3654999
（如发现印装质量问题，请与印刷厂联系调换）
开　　本 | 710×1000mm　　1/16
印　　张 | 16
字　　数 | 229 千字
版　　次 | 2014 年 8 月第 1 版　　2014 年 8 月第 1 次印刷
书　　号 | ISBN 978-7-80769-700-8

定　　价 | 36. 00 元

前言

互联网日益兴盛的时代，“点赞”一词对每个人来说都不陌生，因为很多社交网络都设置有“赞”的功能。比如国外的Facebook、YouTube，国内的QQ空间、微博、微信，其页面设置均有“赞”的功能，这些社交网络平台上的文章、图片、内容等，只要用户看了感觉很幽默或实用，只要能给自己带来收获，他们都愿意用“赞”来表达关注和喜欢，甚至会将其分享出去，特别是微信、微博等“朋友圈”功能的推出，信息会在网络不经意的“赞”的行为中传播出去。正是社交网络这种便捷、快速的信息传播功能，让一些人从中寻觅到了价值。此刻，也许你还不知道微信、微博等社交媒体的巨大魅力，那么，你在阅读这本书以后肯定会眼界大开。

现今，在很多贴吧、论坛等社交网络中，每个贴子下面都有个大拇指形状的按钮，那就是表示“赞”的按钮，用户只要用鼠标点击一下该按钮，就是对该帖子点赞，也就表明对该帖子的关注和赞同。点赞按钮似乎只是一个简单的符号，但是它却承载着巨大的信息，尤其包含着丰富的人类情感元素：可以是表达“嗨，我来过”、“嗨，我正在关注你”，可以是表达“哎呀，太有意思了”。这种社交网络上的点赞功能，引发了人们对点赞交际学的思考和探索。

在普通网络用户的眼里，也许“点赞”功能太过单调，认为这种方式让沟通变得不系统。要知道，只能发表140字的微博，就已经让信息大幅压缩，所以这种点赞功能让沟通交流更碎片化。其实不是，不管是企业、组织还是个人，每个“赞”都会带来人气和关注度，拓宽相互之间的社交圈子，提升内容页面的价值，而且每个点赞的用户都能成为企业的合作对象。

依托不断发展的互联网科技，新兴的社交网络平台层出不穷，这为每一个想要从社交网络平台中获得红利的人提供了获利的途径，关键是看你能否充分利用。

从企业角度来说，用户的每一次关注，都会让信息迅速流动起来，低成本聚拢客户，轻松实现网络营销推广，从而获得巨大的收益。在社交网络中，每天都会有庞大的用户群去寻找自己感兴趣的东西，浏览访问、点击下载、注册用户等，会把信息分享到其他网络平台，引起自然、真实的互动，刺激人们去阅读、分享或评论，从中获得收益。对此，可以用收益与信息、关系链、互动之间的关系来表达，即：收益=信息×关系链×互动。换句话说，只要“让信息在关系链中流动”，企业就可以从中获取红利，这就是社交网络的巨大魅力。

为了展示信息流通的重要性，我们分享一个案例：许朝军曾经创立了带有轻博客的点点网，一上线就备受推崇，短时间内获得了很多融资公司的支持，但是发展不久便遇到了瓶颈，无线网络的出现是其中一个。虽然许朝军看到了无线网中的商机，但是自己的点点网无法适应无线网络，因为他认为电脑客户端依然是市场核心。后来他才发现，智能手机的发展，已经让将人们的娱乐视线转移到了无限终端上，此时，他想要出击却为时已晚。

为了跟上市场潮流，2010年，许朝军推出了新产品“啪啪”，作为全球首款图片语音社交应用，在苹果应用商店这样的知名平台上线。更重要的是，许朝军直接利用成熟的社交网络账号注册，用户在“啪啪”制作有声照片后，被激励分享到各大社区。这一做法使用户注册更方便，而且打通了与其他社交网络平台的渠道，方便找到其他用户。大约经过半年发展，“啪啪”迅速崛起，用户注册量超过了1000万，这样的盛况让很多手机应用望尘莫及。

从个人的角度来说，应该充分利用社交网络，与存在强连接或弱连接的朋友沟通交流，彼此分享，相互学习。众所周知，我们要想更好地生存下去，离不开广泛的人脉支持。这种人脉关系是在平时的工作、学习当中搭建的。社交网络是开放式的空间，每个人可以在社交网络中和别人进行沟通和交流，每个人的机会都是均等的。这种沟通，能避免公共场合下陌生人之间的拘谨，又能够避免话不投机的尴尬局面，更重要的是，我们借助微博、微信、贴吧、论坛等社交网络平台，可以发布及时的信息，开展话题分享讨论等，能加强彼此的关系。

继微博推出并流行以后，2012年，微信横空出世，引发了人们互动、交流方式的大变革，人们真正进入到了科技发达的“微时代”，微信、微博等社交网络平台的价值也越发多元化，其中，它们对于建立人脉圈子、拓展人际有着重要的重用。为此，我们特编写本书。自博客、QQ空间、微博等社交网络平台之后，微信作为互联网行业新科技，正在迅速崛起，它将代表着未来一段时间内人们的沟通交流方式，将会影响着更多人的生活。所以，本书内容以微信为主要研究对象，同时适当涉及微博、QQ空间、Facebook、Twitter等社交网络媒体，通过研究广泛的社交平台来普及前沿知识，使人们从中受益。

纵观社交网络发展的趋势，我们每个人未来面对的将是越来越开放的平台，材料、数据和用户的积累会越来越庞大。我们用超前的眼光看待世界，发现社交网络平台蕴藏的红利，于是较系统地阐述社交网络平台的作用，以及在拓展人际方面的强大功能。对于那些创业者和事业经营者，可以从中了解到系统的营销运营思路。我们有理由相信，每一个人都可以从中寻得启发与收获，得以开拓视野，提升自我，使得工作更高效、生活更有趣。

本书编写中得到了郝言言、苏文涛、薛英祥、薛翠萍、唐传汉、唐文俊、王春晓、史霞、马牧晨、邵莹、石柳、李青、赵艳、唐正兵、张绿竹等人的支持，在此一并感谢。

陶红亮

2014年5月

CONTENTS
目录

第三章 关系链壁垒，可以将资源变成收益

第四章 信息流动，放大了收获的红利

第五章　建立地图，有利于实现社交网络营销

第六章　在线形象，注重评估和提升点赞数

第七章　建立人脉，点赞中也可创造人脉资源

第八章　潜在利益，点赞交际所能创造的价值

第一章 社交红利，点赞开启社交网络策略

2011年，一款新型的即时通讯应用面世，即微信通讯平台。微信和以往任何一款通讯平台都不一样，它可以发送文字、图片、视频，更可以使用户利用移动终端发送原始的声音。微信的诞生，改变了人们的沟通方式，网络用户可以畅通无阻地沟通交流，对其中的信息点赞或分享，为腾讯的合作伙伴带去海量用户。创业者或企业辅之以博客、微博等带来的用户，每天都在获得源源不断的流量红利。可以说，社交网络开启了网络红利的新时代。

社交网络以信任作为基础

微信与微博的崛起为人们提供了便利。如今，社交网络成为人们生活的一种方式，这其中包括QQ空间、人人网以及开心网等。自媒体与公众社交账号大规模兴起，使信息的流动、传播与使用发生了改变，信息以新的形式呈现在人们面前。值得注意的是，网络社交平台是全开放、互动的，因此它必须以信任作为基础。

在社交网络上，用户把自己比较喜欢的文章、音乐、照片以及视频等在自己的账号里发布，与好友进行分享。业界把海量的流量、用户、注意力以及收入从社交网络中带走。社交网络是创业者以及企业可供利用的一种基础能力，各个社交网络发展速度的差距被放大。与之前相比，如今，明星企业崛起的速度和规模更是惊人。

有些新兴应用崛起的速度也许只有短短数周，这些应用只需要鼓励用户把感兴趣的应用内容在微信、微博等社交网络上进行分享。通过社交网络传递信息，社交更加新颖多变，放大器的作用十分显著，这与资金海量投入并没有必然的关联，它更像是一种基础的能力。

即使是在同一个水平线上的竞争对手，面对社交网络，双方最终获益悬殊，这样的例子并不少见：曾经有两家竞争激烈的互联网公司，都想从社交网络中获得更多用户。然而，由于双方对待社交网络的态度有所不同，所获得的收益也大相径庭。

其中一家网站在鼓励用户浏览网站之余，还鼓励将信息分享到社交网络平台，而另外一家网站并没有这样做，而是关心自己的官方账号下有多少粉丝/听众。不久以后，数据在两家公司之间发生变化。最初，双方主动分享网页的用户数量，前者领先于后者2~3倍以上。之后，前者从社交网络中所获得的流量领先后者2倍以上。

如今，想要透彻地了解社交网络，需要花费一定的时间，因为社交网络发展的速度非常迅速。在社交网络中，最先崛起的是QQ空间、人人网以及开心网，后来就是微博。到目前为止，微信又在快速崛起，成为一股强大的社交网络力量。

在迅猛发展的互联网行业，一个平台投入的时间和精力还没有得到相应的回报，另外一个平台又迅速崛起。值得庆幸的是，新的社交网络平台并没有对先崛起的平台造成致命的打击。如今，QQ空间已经达到巅峰状态，微博还在发展着，它们仍然影响着互联网的发展。

用户通过各种方式把信息汇聚到社交网络中，这些信息又以各种方式被用户分享出去。在社交网络中，如细微的“点赞”、“转发”、“分享”等动作，都会对互联网产生影响。当那些细微的分享动作聚拢起来时，就会产生庞大的洪流，承担着“汇聚”和“分发”的作用。在“汇聚”和“分发”的过程中，现有企业和创业团队都能从中得到自己想要的用户、流量、口碑、收入等。

在现实生活中，当人们接到推销电话时，通常都不予理会。因为，没有可靠的信息显示电话那头的陌生人值得信任。在社交网络中，好友圈子为信任提供传导的可能。所以，即使是在陌生的环境之下，只要一个成员的真实身份信息可以查询，那么基于这个成员本身的信任可以在一定的程度上建立。或者经过别人的介绍，就能把信任背书传递下去。

由于对专业人士或者好友的信任，人们就会信任对方的推荐。在社交网络中，信任总是在亲人、好友、同学以及同事之间产生，然后在同一个领域的同行或者好友的好友之间产生，最后再在陌生人之间产生。

QQ空间的数据表明，大部分用户会优先考虑来自好友的推荐，例如：好友推荐的游戏、商品以及资讯。在微信上，也是这种情况，比如当某个用户在微信上推荐游戏、资讯或者商品时，该用户的大多数好友都会点击进去，进行“点赞”或“分享”。其实，社交网络的作用就是把人与人之间的信任汇聚在一起。因此，企业能通过社交网络获得目标客户群，从而获得更多红利。

在陌生人之间，信任的建立过程会长一些。然而，对于企业而言，陌生人之间信任的建立具有一定的作用，可以为企业带来红利。因为，企业渴望在更多人群中拓展自己的用户。通过细微的互动，在陌生人之间逐渐积累信任。

社交网络的各个环节与信任的建立相伴，其中，有好友的介绍、专业的内容以及认真的评论。也就是说，信任的建立与信息、关系链以及互动相关。由于信任的缘故，信息被用户不断地分享到社交网络，这样，就会给那些信息的来源网站和应用产生回流点击、下载、注册以及购买等各种转化行为。当各种转化行为聚拢起来时，就会出现庞大的社交红利。

信任背书通过各种各样的方式改变着社交网络，改变着合作伙伴之间的合作关系。在社交网络上，用户之间的沟通就是建立信任的过程，大部分普通用户都会备注签名，公开自己的真实身份，因为这样便于别的用户了解自己。

在一些领域里，专家会采取实名认证，这主要是为了赢得陌生人的信任。有些陌生人通过交流工具鼓励用户绑定社交账号，特别是微博账号，这样就可以利用身份关联背后的信任背书。有些应用的用户数量增长，一旦原有账号和好友都可以在新的应用中再相见时，用户就愿意留下来。社交网络以信任为基础，有信任的基础，社交网络才可以迅速发展。

“点赞”表现出对好友的关注

在社交网络平台上，通常有“点赞”的选项设置。看到别人“点赞”，有些人会跟风表达出赞赏，也“点赞”。随着微信的崛起，在微信朋友圈中，“点赞”的按钮成为很多人想要证明自己存在的证书。要知道，每一次进行“点赞”都意味着有真实的人在关注着微信好友。虽然，这种关注只是一种浅层次的情感交流。

在“赞”中包含着不清晰的评价，有些“赞”略带暧昧的意味。其实，“赞”的含义和社交网络用语中的“呵呵”相近。在社交网络的聊天中，“呵呵”的使用频率相当高。尤其是在聊天的两个人都无话可说时，双方都不好意思主动结束谈话。在这样的情况之下，只好用“呵呵”来回应对方。另外，在感到无聊或者无奈时，很多人会选择用“呵呵”来回复对方。在社交网络中，“赞”这个字的使用频率较高。尤其是当网友看到对方的帖子很棒，想要进行评论，但是又不知道该怎样说时，就会通过“点赞”的方式表达自己对好友的关注。

可以说，社交网络中的“赞”具有无穷的力量，因为，“赞”可以使很多企业获得红利。企业不用做广告宣传就可以推广自己的产品，在无形之中销售更多的产品。纵观一些社交网络平台——微信朋友圈、腾讯QQ空间，“赞”的使用频率都比较高。在满足用户需求的前提之下，企业可以通过“赞”来收集数据，从而达到企业的战略目标。

在社交网络中，用户和熟人之间的关系可以称之为“强关系”。在强关系社区中，“赞”主要是用于好友之间的交流互动，双方在乎的是人，并不是信息本身。在强关系社区中，“赞”的主要作用是“互动”，但并不意味着“信息认同”。

在社交网络中，用户和陌生人之间的关系可以称之为“弱关系”。在弱关系社区中，双方更在意的是信息本身，由于某种兴趣或个人爱好而进行“点赞”，并非是因为对用户本身感兴趣而“点赞”。因此，在弱关系社区中，倘若用“赞”作为“互动交流”的方式，并不会获得良好的效果。

从传统的人际关系可以看出，人与人之间需要不断地进行互动。别悲观地等待着对方来主动关心自己，而应该主动地去关心对方。当你主动去关注别人时，别人自然会想到要关注你。当一个人走出自我封闭的状态时，就会向别人呈现出自己另外的一面，这样，好友就会更加容易了解自己。在社交网络平台上的“点赞”行为就是一种互动，对于每个用户而言，都应该主动关注好友，适时“点赞”，这样有利于增强双方的友谊。

对于个人的成功以及企业的发展而言，良好的人际关系至关重要。人与人之间的交往应该建立在相互信任的基础之上，这是双方增进感情的基础。其实，诚信就是无形的“名片”。诚实守信是人们交往的基本要求，是获取别人理解和信任的前提条件。

其实，人际交往是双方获得满足的过程，双方互相尊重、互相帮助、互相安慰、互相关心。倘若交往中的一方只索取却不愿意给予，那么双方的交往关系就无法维持太久。在双方交往的过程中，所给予对方的并非都是物质上的财富。当双方进行交流时，倾听就是一种给予。当发现对方的优点时，一句简单的赞美就是给予。

对于社交网络用户而言，要学会在QQ空间以及微信朋友圈上对好友所发布的信息进行“点赞”，这样可以表示自己对好友的关注。当然，“点赞”也要掌握一定的方法，根据信息内容进行“点赞”，别随便乱点。倘若好友发布的信息和对方的心情有关，恰巧对方的心情不太好，你不仔细地看一看信息就“点赞”，这样很容易产生误会。

在QQ空间以及微信朋友圈，很多用户都会发布信息。对于好友发布的信息，或者好友从别的用户那里转发过来的信息，应该先仔细看一看再“点赞”，尤其是那些消极的信息。对于那些积极的、有意义的信息可以“点赞”。对于那些消极的信息，看过之后不要理会，这样可以避免传递消极的信息。

要知道，“点赞”行为表现出自己对好友的关注。不看清楚信息就“点赞”，会显得自己不太重视好友。倘若引发矛盾，就会使自己和好友之间的关系恶化。因此，别轻视这简单的“点赞”行为。倘若“点赞”恰到好处，则可以增进彼此间的友谊。

通过微信建立圈子营销

微信朋友圈的核心就是建立圈子营销。正所谓“物以类聚，人以群分”。通过互联网，那些拥有相同兴趣爱好的人可以在微信朋友圈汇聚成组织。通过社交网络工具，人们可以轻而易举地找到和自己有相同爱好的朋友。微信朋友圈的“点赞”功能具有一定的力量。

微信朋友圈子具有一定的优点，可以使那些有相同兴趣爱好的人主动进行交流互动，而非是让用户被动地接受文档或数据。在微信朋友圈中，人人平等，每个人都是话题发起者，同时又是信息传播者和分享者。由于微信朋友圈具有很多优点，所以有很多企业都对微信进行分析和研究。微信朋友圈为企业现代营销提供了良好的机会。

其实，微信朋友圈的营销属于小众营销。由于互联网具有“喇叭口”效应，因此，企业可以通过互联网造势。微信朋友圈的意见对消费者具有一定的影响力。如今，互联网已经成为人们生活的一部分。当有些人想要购买某种商品时，会提前在互联网上搜索与产品相关的信息，并且会在各大论坛上挖掘其他用户使用这种商品的感受。因此，由网友自行组建起来的圈子成为信息的聚集点。根据“小众营销做深度，大众营销做广度”的原则，使用微信圈子做营销应该遵循“深度、透彻”的原则。

自己组建一个圈子，做好线上的交流以及线下的活动。如今，有些汽车品牌4S店会组建品牌车友俱乐部，通过俱乐部的QQ群、博客以及论坛等方式和会员进行交流。“长安铃木”曾经组建过铃木车友俱乐部，通过线下活动、线上交流等方式扩大“长安铃木”品牌的知名度，这影响到很多潜在客户，对扩大销售量起到一定的作用。

倘若自己组建圈子，那么就要做好线上交流和线下活动，另外，还要强调扩大圈子的影响力以及实际的服务工作。因为，圈子影响力的大小对最终实现营销效果起到很大的作用，圈子中有负面信息，倘若服务没有到位，那么负面信息就会扩展得更快。

积极与目标圈子群体进行合作，支持并且赞助圈子活动。制造正面话题，使圈子中的成员广泛参与。对于企业来说，在自己组建圈子的同时，还应该和目标圈子进行合作，支持并且赞助目标圈子搞活动。与此同时，还应该开展具有针对性的客户营销。例如：有一些户外运动装备企业会和一些登山野营的协会、团体等组织进行合作。通过这些组织所组建的圈子，可以挖掘出更好的信息传播渠道。通过赞助活动，可以扩大品牌的知名度，从而获得较好的营销效果。

必胜客曾经推出秋季24款新品，和以往的营销策略不同，这一次，必胜客没有选择和传统的媒体进行合作，而是把社交网站上积聚的360圈子作为合作对象，推广新品。那些在360圈中参加必胜客活动的用户，都能加入必胜客的“食尚”潮人圈。根据参与人群的性格进行分类，把必胜客不同特色的食品和客户性格进行匹配，向不同性格的客户推荐不同特色的食品。把客户性格和产品特色融合在一起，在圈子中，必胜客通过这种创意营销获得了良好的营销效果。

积极与一部分圈子中的意见领袖进行合作，通过意见领袖来传播品牌的价值。在每个圈子中，至少有一两个意见领袖。企业不应该忽视意见领袖的作用，在必要的情况之下，还可以与这些意见领袖进行合作。让这些意见领袖在互联网的一些社区中发表产品的基本信息，还可以发表产品的使用经验和感受。这样，企业就可以实现低成本营销。

企业可以建立一个圈子数据库，从而做好精准的客户营销。要知道，圈子营销是一种十分精准的营销手段。身处于圈子当中，同属某类爱好人群，这样，很容易获取别人的信任，最后和对方建立一定的联系。

在最高峰时期，“铃木车友俱乐部”的北京圈子有5000多人。根据不同的属性类别建立关联数据库，当有新产品信息时，可以按照不同属性类别来发送信息。通过圈子，可以把这种形成口碑的传播方式推向极致。

对于企业而言，要想实现精准营销的方式，就要借助社交网络的力量。在社交网络上组建圈子，在圈子中发布信息，通过圈子快速推广企业品牌。一般来说，加入圈子的用户都会关注企业的最新动态。

通过“点赞”等互动方式，信息会传播到社交网络上的其他圈子，这样，企业就可以挖掘潜在客户。通过圈子，企业还可以发起一些线下活动，告知圈子中的每个用户来参与活动。

微信朋友圈的核心是建立圈子营销。企业可以在微信朋友圈中和用户进行互动，宣传产品或服务，这是一种便捷的营销方式。企业不用花费大量资金，就可以轻而易举地挖掘潜在客户。通过互联网进行推广，企业可以节省很多广告宣传的费用。可见，互联网的发展为很多企业带来可观的红利。如今，企业的发展和互联网密不可分。只有借助互联网的力量，企业才能逐步发展壮大。

博客让生意红红火火

微博、微信的流行，人们逐渐从中看到了商机，并且也从利用微博、微信中获得了受益。为此，有的人开始看衰博客，认为博客已经过时，应该被淘汰了，然而事实并非如此。博客与传统新闻媒体相比，它是一种极其优质的传播工具。充分利用博客，能让生意更红火。

博客常由个人开设，博主并不是职业记者，传播信息的速度没有报纸、杂志那么快，但是有着丰富的感情，更能与人无障碍地交流。如果你不喜欢玩博客，甚至到现在还没有开设过博客，那么你应该行动起来。倘若已经创立了博客，但没有掌握经营博客的要领，那么现在还来得及调整，借助有限的机会学习学习，认真经营好自己的博客。

对于绝大多数人来说，博客不再是陌生的事物，不过很多人没有认真关注博客，所以缺乏对博客的系统认识。博客其实是一种特殊的网页，人们可以在上面很方便地浏览文章，博主可以便捷地更新网页内容。如今，互联网上有很多可以免费注册的博客，用户可以根据自己的爱好、需求等进行选择。其中使用最多的是Blogger，中文的博客就是Blogger的音译，另外，Live Jpirnal和Word Press也是不错的平台。

在注册博客之前，用户要认真阅读使用这些网站服务的条款。一部分网站不喜欢用户注册“商用”博客，因为会占用网站较多的资源，所以注册的用户可能会被取缔。因此，用户必须在网站平台许可的情况下注册博客，避免浪费不必要的时间。

现在的博客，能够非常方便地分享文字、图片、音频、视频，还可以为内容设置超链接，镶嵌在博文内发布，让阅读者去点击，在其他用户的“点赞”或转载行为中获利。建立博客后，想要博客有人气和关注度，就需要经常发布、分享一些有价值、有意义的内容，经常与“粉丝”们展开对话，从别人那里获得信息反馈。倘若你有自己出版书籍的梦想，但又觉得工程浩大而无从着手，便可以每天利用博客写一篇，日积月累，然后集成册，最后，一本完整的书籍初稿就形成了。

为什么提倡使用博客呢？博客到底有哪些优势呢？其实，博客作为社交网络平台的典型，优点不胜枚举。在此，列举一些典型的博客的优势。博客能让你充分展示个人魅力，并且创建一个更加私密的联系方式；博客可以让你将自己的文章分享出去，将演讲视频、书籍内容等上传，更快、更广地传播，而且能邀请他人进行评论和分享，无形中获取点击流量；高质量的博文，能让你的博客在互联网搜索引擎中更容易搜到，从而将博客曝光在大众面前；使用博客的RSS功能，可以轻松地把博客同步到多个网站或社交媒体上；在朋友当中，博客为人们提供了交流的平台，人们可以自由评论关于生活、工作、潮流等方面的事件，或者给别人提出意见或建议；经常发表博文，赚取更多的关注度，当博客有了大量人气后，会得到区域性或全国性的认同，此时就可以将博客作为拓展人际、开展营销的工具。

怎样才能经营好自己的博客，增加其在互联网中的曝光率呢？

拟定醒目的博文题目，采用小段落写法，方便读者阅读，以吸引读者。从自己专业的角度对热门的新闻事件进行分析和评论。平时注意观察那些和自己的博客主题差不多、而且博文质量比自己好的博主，邀请他们到自己的博客访问并作出评论，当然，“点赞”是最好的方式，因为他们能给你带来更多流量。毫不吝啬地将其他优秀博文添加到自己的博客圈来，同时主动邀请其他博主添加自己为好友，并且随时开展互动。

把自己以前发布的信息传播出去。倘若完成了一本书，应该提供相关的额外材料；倘若开设了一个专栏，应该深入追究，挖掘有价值的东西，寻找更多吸引人的东西，并且将最新的发现及时发布出来，做到“人无我有，人有我优”。

博客要保持生命力，必须紧跟潮流，保持内容的高质和新颖，而且要趣味性和实用性兼具。在两次发布博文之间，不要间隔太久，也不应间隔太短，因为只有保持合适的时间间隔，才能不至于让读者感到烦躁，而是让他们始终保持一种期待。

尽可能让自己的博客具有使用价值，别刻意去销售产品、滥发广告，这会给读者留下不良的影响。你要做的是通过博客让大家了解你，对你产生一种信任感和依赖感，然后自然会去购买你的产品。

博客面对的关注不一定都是普通大众。可以专门为自己的产品针对的消费群和用户创建一个博客。比如对喜欢QQ的用户，而且他们喜欢玩游戏充值，而自己又正好经营游戏充值这方面的业务，便可以创建一个专门博客，发表相关有价值的博文，以提升博客人气。一般情况下，专门设置的博客不会有太多的读者群，但是，发布目的明确的高质量博文，可以获得极其重要的“粉丝”，这些粉丝将来会成为忠实的客户。

实际上，博客除了具有提升销量的作用外，还有很多其他方面的好处。比如知名的博主能吸引传统媒体的注意，获得大量关注度，提升曝光的几率。同时，可以将博客集结成册，出版成书，带来直接的经济效益。另外，博客是营销的利器，只要有高质量的博文，阅读博客的人都乐于“点赞”和分享，这样能获得更多的关注。博客是扩大交际圈的利器，因为相互“点赞”支持，无形中拉近了人与人的距离。

微信公众账号就是圈子

在传统的社交圈子中，每个人生活的圈子都不大。对于一个农民而言，他的生活圈子就在附近的几个村庄；对于一个小商人而言，他的生活圈子就在自己所居住的小县城。随着互联网的快速发展，无论是从事什么行业的人群，都在逐渐扩大自己的生活圈子。

那些拥有共同兴趣爱好的人，可以在互联网上组建圈子。大家聚集在一起，形成小范围的组织。圈子具有很重要的特点，即圈子就是平台。其实，每个人都是圈子的主人，每个人都有机会在圈子中获取自己所需要的价值，可以让很多人实现梦想。

其实，每个微信公众账号都是一个圈子。微信公众账号把那些有着相同需求的人汇聚在一起，形成一个圈子。那些具有相同价值观和兴趣爱好的人会加入圈子之中，申请微信公众账号的企业就是这个圈子的圈主。

企业作为圈子的圈主，应该主动为圈子提供价值。只有圈主长期为圈子提供价值，才可以吸引更多人加入这个圈子。一旦这个圈子可以为每个成员带来帮助，成员才会愿意留下来。圈内的成员还可以吸引更多有着相同兴趣爱好的人加入圈子。

企业可以在圈子中发起活动，做好互动的工作。无论在哪种情况之下，双方进行沟通都需要有话题。其实，制造话题的最佳方法就是举办活动。在平时，大家都很忙碌，根本没有时间进行沟通。因此，通过圈子的活动，可以让大家在特定的时间进行沟通。活动的形式有很多，例如：通过圈子进行有奖问答活动，使圈子中的每个成员都和企业互动起来，成员和企业之间的互动很关键。

“小米”手机就在线组建了全国小米同城会群，例如：北京小米同城会、上海小米同城会等。另外，“小米”还为米粉们举办线下小米同城会，从而促使小米手机用户进行交流。在线上的圈子虚拟化，因此，想要使用户对品牌形成依赖，还要依靠粉丝在线下的互动和交流。借助网络传播的力量，可以吸引众多粉丝加入企业的线下活动。

激发圈子分享的力量至关重要。一个圈子的主要价值就在于分享和交流信息。倘若可以鼓励成员积极分享，那么就可以在无形之中对企业产生巨大的影响力，在更大的范围内传播企业品牌。企业可以采取奖励机制来鼓励成员进行分享，用利益来驱使他们分享。实际上，利益是人类行动的一种动力。

企业应该建立圈子数据库。随着圈子的壮大，根据客户级别来进行分类管理。例如：向老会员推送产品或活动、对新会员的政策、为了吸引客户的关注所要推送的内容等。倘若企业想充分利用微信做好营销，那么就应该用正确的模式来经营微信的公众平台。

微信公众平台就是圈子，圈子是社会资源和个体资源交换、整合、匹配的魔方。企业应该最大限度地扩展圈子，从而掌握更多的资源，例如：人脉、信息等。扩大圈子，往往可以有出乎意料的收获。从某种角度来说，一个企业组建的圈子有多大，生意做得就有多大。

企业可以寻找目标圈子来推广自己组建的圈子。要知道，别人的客户也可能是自己的客户。因此，企业要找到那些和自己具有相同客户群的圈子。找出圈子的圈主，让对方同意在其圈子中宣传我们自己的产品。别四处寻找自己的目标客户。如今，很多客户都使用微信。企业可以通过微信组建一个圈子，在这个圈子中为自己的产品做宣传，这样就可以在无形之中挖掘潜在客户。

企业应该整合圈子，把客户数据库做大。一旦圈子积累一定数量的成员，这个圈子就更加有价值，企业就可以与更多圈子的圈主进行资源对接。如此下去，又会推动圈子中成员的数量快速增长。

有些企业担心和其他圈子的圈主进行互动不利于稳定自己圈子里的成员。其实不然，只要企业可以不断地在圈子中发布高质量的文章，用户就会感到满意。因为，这些文章也许对他们有帮助。对于有意义以及用户十分感兴趣的文章，用户会主动“点赞”。这样，就可以轻而易举地宣传企业的产品或服务。

作为企业，应该重视与线下圈子的合作。倘若企业可以把线上和线下的圈子打通，那么就可以快速把圈子做大。在线上有许多圈子，例如：交友圈、商业圈等。通过微信公众账号，企业可以组建巨大的粉丝圈子。无论是中小型企业，还是大型企业，都可以通过微信组建圈子。通过微信组建圈子简单易行，而且不会浪费很多资金和精力。在圈子上，企业可以有效地推广自己的产品或服务，还可以挖掘目标客户群。

对于企业来说，在圈子上发布文章要注重质量。避免在圈子上随意发布一些小广告，因为，这样也许会引起圈内成员的反感。只有发布有意义、有趣味的信息，才能吸引大量用户。这样，才可以更进一步宣传产品。

随着互联网的发展，企业的发展越发依赖社交网络。作为企业，应该了解社交网络的优点，充分利用社交网络资源，找到适合企业的推广渠道。社交网络如同看不见的网，可以连接各种资源。通过社交网络来进行营销十分便捷，对于任何企业而言都是不错的选择。

企业运营微信公众账号的目的

企业运营微信公众账号，可以低成本进入移动互联网，利用最低廉的成本实现最大的宣传。进入移动互联网时代，企业的发展已经离不开社交网络平台。如今，很多传统的互联网巨头都不惜一切代价去抢占移动互联网的入口。

移动设备上有很多应用，然而，用户的时间有限，社交网络用户的大部分时间都被几个入口级的应用所占用。在移动互联网时代，那些非互联网企业似乎没有优势。不过，没有入口级应用，企业也可以进入互联网，因为随着微信的崛起，给企业提供了可以在互联网时代为客户提供服务的大平台。要知道，如今，微信已经成为拥有5亿用户的大平台。

微信出现以后，倘若企业的资金和人力资源都不充足的话，那么企业就可以放弃传统构建企业官方网站的做法，全身心投入到微信公众账号上面。凭借微信公众账号，企业可以低成本进入移动互联网，为客户提供更优质的服务。

对于大部分企业而言，微信是带领其进入移动互联网时代的捷径。在互联网时代，企业通过其他方式为客户提供的服务，都可以通过微信得到延伸，并且可以把客户服务做得更好。倘若企业的资金和资源都比较充足，那么就可以把微信和官方网站、官方微博等工具相结合。通过有效的整合，将获取更好的效果。

通过微信公众账号，企业可以实现零距离与客户沟通。在移动互联网时代，产品的设计需要依靠用户需求作为驱动，企业的运营和管理要由用户来驱动，商业模式也需要用户来驱动。

对于企业来说，深入地了解用户需求至关重要。然而，在微信出现之前，很多企业都不能做到随时随地和自己的终端客户进行互动和沟通，企业想要收集用户的需求很困难。企业甚至不知道自己的产品卖给谁了，客户也无法随时随地向企业表达赞美或者抱怨。倘若企业想要得到客户的真实反馈，那么就需要采取电话回访和调查问卷等方式。倘若客户想要向企业反馈一些问题，那么就需要通过打电话或者发送邮件等方式，这需要一定的时间成本。

通过微信公众账号，企业可以把自己的客户都聚集在这个账号之下，从而随时随地和客户进行沟通。客户也能及时、方便地向企业表达自己使用产品以后的感受，企业可以在第一时间给予回应。这样就做到了零距离沟通。

其实，企业运营微信公众账号的主要目的就是获得利益。通过微信公众账号，可以给客户提供优质的服务，从而赚取更多利润。要知道，一旦有了客户，就自然会有生意。

对于企业来说，老客户是宝贵的资源，应当维护老客户，使老客户重复购买产品。要知道，维护老客户的成本只是开发新客户成本的20％。企业要不断获取新的客户，但是也不可以忽略对老客户的维护。

微信5.0使公众号划分为服务号和订阅号，其主要目的就是增强企业的服务属性。服务号的主要作用是使企业通过微信给老客户提供售前、售后服务，使企业通过电话和实体店等方式提供的服务得到延伸。

以前那些需要登录招商银行官方网站才可以办理的业务，现在都可以通过微信来解决，例如：还款设置、账单查询、快速还款、账单分期、积分查询以及额度查询等。倘若企业可以通过微信给老客户提供贴心的服务，那么就容易使老客户对企业的微信服务产生依赖。一旦老客户对微信服务产生依赖，那么就会进行后续的购买。值得注意的是，倘若企业想通过微信给老客户提供服务，那么应该采用服务号，进行深度二次开发。

要知道，只要有人的地方就会有广告，例如：地铁里、电梯里、街道旁……到处都可以看到广告。微信是一个大平台，企业都想通过微信来实现营销。在微信公众账号推出不久后，在自媒体和微博大号的带领之下，一些企业迅速意识到微信在营销方面的潜力。为了实现微信营销，企业对微信的营销功能进行了深度开发。

微信的主要作用是方便用户沟通，因此，当腾讯公司看到不良的发展趋势时，便及时封杀那些以营销为目的的“大号”。微信5.0发布之后，这个问题便得到解决，腾讯公司后来把微信公众账号划分为服务号和订阅号。

订阅号为媒体属性，每天能发送一次信息。服务号为企业属性，每个月才可以发送一次信息。在微信公众账号出现划分以后，企业才意识到不可以把微信看成营销工具，微信是提供服务的一个平台。

虽然腾讯公司担心企业把微信看成营销工具来使用，但是，仍然难以阻挡企业在微信上开拓营销渠道的行为。就媒体属性来说，微信属于私密性较强的工具，因为，是否要接受企业所发送的信息，这个选择权在用户自己手中。

倘若想要客户主动接受企业所推广的信息，那么企业就要赢得潜在客户的好感和信任。当有较多潜在客户信任企业时，企业的微信公众账号才具有营销的价值。换言之，倘若企业想成功地开拓微信营销的渠道，首先要通过各种办法来获取客户的信任。这样，才可以进行营销，才会有生意可做。

通过QQ挖掘目标客户

如今，QQ活跃用户数量相当高。对于QQ空间，人们都不陌生。可以说，QQ和日常生活中的电话一样，成为重要的联系方式之一。无论是青少年还是中老年人，几乎人人都有一个QQ号，QQ成为了人们生活中不可缺少的一部分，而且是时尚的标志。

在日常生活中，很多人的注意力都在QQ上。通过QQ这种交流工具，人们可以创造财富，获得事业上的成就。对于企业来说，完全可以通过QQ和QQ空间获得微信公众账号的粉丝。微信是腾讯公司继QQ之后开发出来的产品，微信的设计理念来源于PC端的QQ。对于有QQ号的企业来说，一旦那些潜在的客户成为企业的QQ好友，那么，企业就可以轻而易举地把QQ好友变成企业微信公众账号的粉丝。

有些人想寻求获取微信好友的方法，然而，却忽略掉了QQ和QQ空间的利用价值。要知道，QQ和QQ空间是有效的推广工具。企业做微信公众账号的推广，应该找到有效的方法。通过QQ和QQ空间，企业可以找出微信目标客户。

对于用户来说，QQ空间要有人气。有人气才会有人不断地访问自己的空间。只要拥有大量QQ好友，那么就会拥有很高的人气。对于企业和创业者来说，要想提升QQ空间的人气就要提升QQ好友的数量。

QQ空间的装饰很关键，这如同人们的衣着一样重要。很多人都会通过第一印象来评判一个人，因此，QQ空间的装饰应该有不错的视觉体验，以给潜在客户良好的第一印象。小米手机的QQ空间主页装饰得很精美，用户只要进入“小米”的空间，就会被要求关注其空间。小米手机用赠品来吸引用户关注空间，有“每天送红米手机”的活动。然而，一旦用户关注小米手机的空间，那么只要小米手机的空间发布新产品信息，用户的空间就会有这个信息。这样，小米手机便达到了宣传自己的目的。

QQ空间的认证很重要，QQ空间开通了名人认证、企业认证和企业网站认证三种认证。一旦取得认证，那么就可以提高客户对企业的信任。腾讯公司会向用户推荐通过认证的QQ空间，这样就可以给企业带来上百万流量，带来众多潜在客户。

普通的QQ号最多可以添加500个好友，而开通QQ会员以后最多能添加1000个好友。如果企业开通QQ，那么最多能添加25万人。因此，开通会员也很重要，可以提升好友数量。

在添加很多QQ好友之后，要在空间发布一些有意义的文章。一旦好友看到一些好文章，那么就会主动“点赞”、“评论”、“转发”或“收藏”，这样，信息就会被传递出去，被更多人所关注。企业要想获得更多微信潜在客户，那么就要在QQ空间发布对好友有帮助的文章，使QQ空间的文章被更多用户“点赞”，企业就可以挖掘更多潜在客户。

企业应该善于通过QQ用户来做内容推广。有些人不愿意自己写日志，喜欢转载别人的日志，这就给企业提供了推广的机会。企业可以写一些高质量的软文，让那些“懒惰”的用户转载企业的文章。

软文是网络推广的利器，适合企业用来做推广。生活在这个世界上，每个人都会遇到各种各样的问题，例如：工作问题、感情问题等。每个人都需要别人的帮助，转载有价值的文章就可以达到这样的目的。

有些文章被用户点赞，或者转载上千次、上万次，通过这样的方式可以使空间的人气上升。被大量用户所转载的文章具有一定的价值，有很多人喜欢。这种文章的内容很实用，可以分享给QQ好友。当然，对于用户来说，最好自己写一些文章。

企业或创业者可以在QQ空间发布文章，并在文章中恰当的位置提及某个品牌，或者在文章的结尾附上网站链接。可以给图片加上水印，把微信公众账号的二维码配在图片上。用户只关注文章本身，并不会太介意那些植入的二维码。

QQ空间的日志可以被转载或分享。只要用户轻轻地点击“分享”，就可以把好文章分享给QQ好友。可以在内容中加入引导读者分享的语句，鼓励用户分享日志。一旦用户把文章分享给他的好友，那么他的QQ好友便会成为企业的潜在阅读者和传播者。

对于企业来说，日志是重要的载体。通过日志的转载效应，可以使日志的推广效应像滚雪球一样越滚越大。一篇好日志可以使名不见经传的产品获得知名度，最终使企业实现借助QQ空间进行营销的目的。

如果QQ空间已有大量粉丝，那可以将他们变为微信好友，具体操作起来并不难。只要在空间每一篇文章的后面附上企业的微信二维码就可以。另外，可以在企业的空间相册中放上二维码，这样就可以在无形中获取大量微信粉丝，从而深度挖掘目标客户。

实际上，因为目前使用QQ的用户有数亿，通过QQ挖掘客户是最好的方法之一。而除了利用空间以外，还可以群发QQ邮件、QQ群聊、开展群活动等。

在行动之前，需要寻找目标QQ群，搜索与自己企业相关的目标群，群成员应该有对你的企业感兴趣的人。要记住加同行业群，比如自己做广告创意的，那就不要加入服装行业、棋牌娱乐等群，因为这样会引起群内成员的方案，无法获得理想的效果。只有找到并加入理想的目标群，才迈入了利用QQ群营销的的第一步。

如今流行二维码扫描登陆，所以可以将产品和服务信息制作成精美的图片，并在下方附上二维码，然后发布在群分享里面，这样群成员打开QQ群，就能注意到你发布的信息，感兴趣的人就会扫描二维码登陆，去了解相关的信息。

QQ群聊是一种不错的方法。平时注意搜集一些搞笑的图片、QQ表情，相信大家都明白，在热火朝天进行群聊时，很多人都会发些有意思的图片，有时一张经典的图片会从一个群转到另一个群，很快传遍整个互联网。我们可以借助这种便利的渠道，将这些图片搜集起来，或者自己制作一些搞笑的图片，附上微信账号发送出去，从而获得更多人的关注。

邮件群发也是比较流行的方式。比如你收到一封邮件，移动终端的微信就会“叮咚”提示你收到了邮件。作为想要从社交网络中获得红利的你而言，便可以给别人群发邮件。群发邮件之前，先要设置有吸引力的标题，要能给网络用户足够的刺激，让人们有点开查看的冲动。如果邮件能起到发布营销信息的同时，还能激励他们“点赞”和分享，那是最好不过的。

通过个人微信号挖掘目标客户

个人微信号具有较高的价值，如同PC端的QQ号。值得注意的是，个人微信号的价值需要在实践当中深度挖掘。如今，微信成为移动端入口的霸主。只要掌握使用个人微信号的方法，就可以为企业的微信公众账号获取大量目标粉丝，从而挖掘企业的目标客户。

微信账号的名字至关重要，起的名字要能吸引客户群体。运营微信时，从事教育行业的人员应该定位在培训方面。用户在给自己定位时，应该把自己塑造成行业中的专家。因为，大部分人都愿意相信专家。

使用个人微信号，要用自己的真实姓名。因为，没有人愿意和自己不了解的人成为朋友或者谈生意。在运营微信公众账号时，企业或者个人应该给账号取独具特色的名字，这样才具有吸引力，在第一时间吸引人们的关注。

用微信账号主动加人时，如果对方不想让你通过验证，那么他会想要先了解你，因为，人都有好奇心。对方会看一看你的微信相册，如果发现他感兴趣的东西，那么他就会添加你为微信好友。每个微信用户都可以在微信相册中分享真实照片，这样会使别人产生信任感。

在微信中有“从手机通讯录列表添加”的功能，通过这项功能，用户可以直接把手机通讯录上的好友添加为微信好友。另外，通过QQ好友和QQ群也可以获取微信好友。企业应该善于找出产品的目标客户QQ群，先把这个目标客户QQ群中的好友添加为自己的QQ好友，然后通过微信的“从QQ好友列表添加微信好友”来添加微信好友。也就是说，用户可以把自己手机通讯录和QQ中的好友都转化为自己的微信好友。这样，就可以在短时间内获得良好的效果。

在微信上有“附近的人”这个功能，通过这个功能，用户可以找到附近同样也在使用微信的用户。找到附近也在用微信的人，把对方添加为自己的好友。通过“附近的人”可以做大众化的产品，当然，前提是附近的人对自己的产品感兴趣。

在微信上还有“摇一摇”的功能。通过“摇一摇”，使对方看到自己的签名。有些人会通过“摇一摇”来添加微信好友，因为，只要轻轻地摇一摇手机，就可以和同时也在摇手机的人进行配对。如果附近没有同时摇手机的用户，那么就会给你匹配那些相对较近的人。

QQ邮箱中有“漂流瓶”功能，如今，在微信上也有“漂流瓶”功能。连锁企业适合使用“漂流瓶”，知名品牌也可以使用这个功能。“招商银行”就使用爱心漂流瓶。对于中小型企业来说，不适合使用“漂流瓶”，因为，这样获取的客户不会太精准。

企业应该注意，别在添加微信好友之后马上在微信群中发送微信公众账号的名片，因为这样做会使部分受众产生反感。拥有普通微信号的企业可以在微信朋友圈中分享一些有价值的内容，有些微信用户看到以后会“点赞”或“分享”。在内容的后面附上企业的微信公众账号，这样就可以使微信好友关注企业。

微信5.0的出现使用户可以在朋友圈中添加微信公众账号。对于普通微信号用户来说，只要你在朋友圈中发布的内容具有价值，那么别人看到以后就会“点赞”。如果有人注意到附在内容后面的企业公众账号二维码，可能就会主动添加公众账号。

企业或者创业者做微信营销应该避免过于浮躁。企业领导人和创业者应该拥有良好的心态，有一颗愿意为客户服务的心。有普通微信号或公众账号的企业应该认真对待别人的评论，这样可以逐渐地提高企业的知名度。

通过个人微信号，也就是普通的微信号，企业或者创业者可以推广微信公众账号，从而挖掘目标客户。通过普通微信号，企业可以在朋友圈中发布有意义、有价值的信息，在信息中适当地加入和企业有关的内容，并且在内容后面附上企业的微信公众账号。主动“点赞”或“分享”的人越多，那么关注企业的人就越多。

微信的崛起给众多企业带来了商机，通过微信，企业可以挖掘很多潜在的价值。企业不用花费巨额资金就可以挖掘潜在客户，还可以推广企业的产品信息。在前期，企业有了时间的积累，就能通过微信营销获得红利。

企业社交网络让沟通无边界

提到职场中的办公环境，我们就会想到规整的格子间。格子间让公司的每个员工有了更独立的空间，它成为了保护个人部分隐私的绝佳工具。然而，正是这种小小的隔间，阻碍了人与人之间的交流，友谊越发淡薄。不过，社交网络的盛行改变了这种困局。

我们知道，互联网的发展让世界越来越小，它拉近了与千里之外的人的距离，但又拉大了与周围近距离的人的距离，比如同事与同事之间的距离。要知道，网络的发展，始终改变不了人与人之间沟通的需求。而企业内部的沟通，对企业和个人的发展都愈发重要。

对于一家企业而言，需要有稳定的内部沟通平台。倘若每个企业内部的交流，都能像在新浪微博上那样畅通无阻，只要想说什么，就能毫无顾忌地说出来，将开心的或不开心的事情与身边的同事或朋友分享。员工能与同事分享自己的工作心得，或对公司提出某些好的意见或建议，这对企业的发展是有好处的。事实上，在国外，已经有了CubeTree、Chatter等基于企业或组织的社交网络平台，让团队或组织之间的沟通更顺畅，协作更便捷。

社交网络的发展打破了办公室格子间对员工之间交流的阻碍。员工各自拥有自己的社交网络阵地，对日趋"无边界化"的组织发展起到了巨大的推动作用。

对企业而言，构建企业内部的社交网络是很有必要的。如今，北京北森测评技术有限公司耗时两年，研发出了一款名为tita社交平台，2011

年正式上线试运营。使用该平台的企业，相当于直接拥有属于自己的社交网络，企业内部员工之间能无障碍发布信息，领导可以便捷地安排工作任务。而且，内部发布的任何信息，其他人都一目了然。

北森公司总裁认为，像tita这样的社交平台，可以让企业内部员工无限沟通，更好地开展协作和分享，最终使企业获得最大的价值。在这样的社交网络平台上，每个人都是平等的，都拥有平等的发言权，而且避免了领导与员工面对面交流的顾虑，使沟通无拘无束，这更有助于信息的流动，使得沟通和协作变得轻松而愉快。

这种社交平台还可以使团队工作更高效。比如有的企业会安排员工出差，而且员工数量较多，分布范围较广时，人们难以凑到一起，这时就会产生沟通障碍。而如tita这样的在线沟通平台，极大地方便了员工之间的交流，增强了员工之间的的协作性。在一个企业中，如果从总裁、总经理到普通职员，能够充分利用好社交网络，全力协作，就能高效完成任务，实现企业既定的目标。

另外，在社交网络上，每个人都可以大胆想象，尽力分享，其中包括分享自己的优秀创意和思路，同时汲取团队的才智，顺利地推进自己的工作。更重要的是，这种乐于分享的团队，可以更高效地利用一切可利用的资源，更有助于企业营造学习型的氛围。

从企业和外部人员交流的角度来看，社交网络同样具有一定的价值。就拿tita来说，它既能作为独立的社交网络平台使用，又可以提供API 接口，很方便地与各个信息系统对接，这样一来，就能让系统更高效地运行，并且为企业带来更多价值。在招聘方面，由于tita和Talent很好地结合起来，负责招聘的人员通过多种终端，可以随时查看招聘流程；在人才培养和继任方面，该系统能随时随地追踪（IDP）发展计划的状况，完整地记录人才成长的脉络，有助于企业信息的透明公开，从而可见的人才继任和发展体系。

如今，在知识密集型的企业或组织中，社交网络的比重尤其突出。因为，这里的人们大多愿意并且喜欢使用私人关系来搜集自己想要的信息，以便顺利完成自己的工作。另外，在跨部门合作的环节中，社交网络能起到粘合剂的作用。而对企业而言，每当需要将新研发的产品打入市场时，社交网络也能起到不可忽视的推动效果。

更重要的一点是，社交网络有助于企业的稳定，因为它能使员工之间更顺畅地交流，让每个置身其中的人都感觉到自己并不是孤立的，也不是孤独的，而是企业中密不可分的一份子，这就能提高员工的工作热情和对企业的忠诚度，自然就有利于企业的稳定和发展。

有统计显示，在世界100强企业中，有65%的人拥有Twitter账号；45%的人曾经注册过Facebook；50%的人有YouTube频道。人们会在这些社交网络平台上发表文字、图片或视频，已经成为了人们聊天、娱乐的重要阵地。在这里，每个人都在娱乐着、享受着，分享着社交网络无形中带来的红利。

北京中搜网络技术股份有限公司是一家年轻的公司，一直以来倡导个性化服务，始终致力于研发个性化的应用，为需求者服务。随着公司规模不断扩大，内部沟通出现了断裂。为此，他们使用了“社交企业”，这大大方便了员工跨部门、跨层级的沟通，公司与客户的问题也更容易解决，信息实现了“无死角、全方位”流通。突破了办公室“格子间”阻拦的困局，而且提高了客服的响应速度，从而提升了客户满意度。

由此可见，无论是企业还是个人，充分利用社交网络，可以有效突破某些传统的交流障碍。企业使用社交网络，可以让人们更有兴趣和激情，保持在愉悦的状态下轻松完成工作。而个人使用社交网络，能扩大人脉圈子，增强交际能力并从中受益。

第二章 社交点赞，信息承载了感情的重量

信息是在人们之间相互流动的东西，信息往往是能看得见的，也是有“重量”的。当各种形式社交网络媒体出现以后，信息更是承载着人类感情的重量。而在商业圈中，流动的信息代表着竞争力，代表着源源不断的收益回报。在这个互联网蓬勃发展的时代，信息在当今社会堪称一切。在日益流行的点赞社交中，异彩纷呈的信息在社交网络中流动，世界各地的网络用户汇聚而来，特别是像微信、微博这样的平台为人们提供入口，作为入口信息的质量尤为重要。

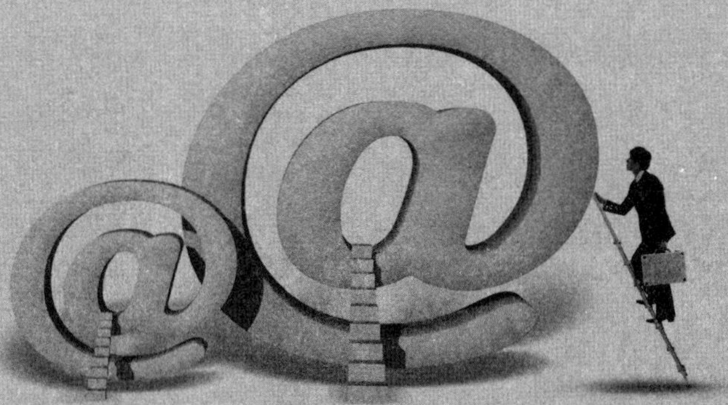

“点赞”中的情感以及自娱情结

在社交网络中，人们所分享的信息与现实中并没有太大区别。社交网络主要是集中在上网、听音乐、看电影以及聊天等事情上。其实，在日常生活中，人们总喜欢与好友分享自己的心事。通过网络，通过腾讯QQ以及微信等交流工具，可以在网络上和朋友分享心事。无聊时与好友聊一聊，在网上聊天也是一种乐趣。

在社交网络中，那些对人们有帮助的信息会受到人们的特别关注。对于这样的信息，人们更乐意去“点赞”，或者对其进行评论、分享。当你在网络平台上看到一条有意思或者对别人有帮助的信息时，应该主动“点赞”，这样可以使信息被传递出去。

如今，在QQ空间以及微信朋友圈上经常会看到一些类似于“不转你就会走厄运”的信息。其实，这样的信息大多数都是荒诞不经的描述，单纯是为了增加点击、转载量而写的内容。平时在一些论坛以及QQ群上经常能到这样的信息。

信息的荒诞并不会因为产品和渠道的差异而有变化。如今，信息出现在论坛、QQ群以及微信中。在现实生活中，有些人对于好友在朋友圈中发消息有些反感，这也许是因为每个人的欣赏角度都不一样。其实，对于那些自己不熟悉的事物以及领域，大家都可能弄不明白，这点对于草根用户和精英人群并没有本质的区别。

当有人在网上发出求助的信息时，就会有人进行回复，即使没有核实信息的真实性。因此，现在社会上出现一种现象，那就是“泛滥的爱心”，这是推动信息流动的可识别动力。一般来说，在热点事件的背后，“侠义心”占据着很大的作用，夹杂着负面的情绪。从表面上来看，情绪能起到相当大的作用，能够引起巨大的社会反响。其实，在情绪的背后，人们渴望自己可以生活得更加美好，想要有所改变。

社交网络的崛起，降低了公众表达爱心的门槛以及成本。通过简单的转发动作，可以帮助到那些需要帮助的人，传递一种“正能量”。通常，那些有爱心的人都具有“侠义心”。与现实生活中一样，在微博、QQ空间或者微信上也可以伸出自己的援助之手，为别人打抱不平。只要转发一条信息，分享一条信息，就可以在无形之中传递一种能量，帮到别人，何乐而不为呢?

炫耀是一种可以被识别的重要推力，在博客和微博发展的早期，其发挥了相当大的作用。有些用户晒出隐私，其主要目的就是希望自己可以被关注。就交友工具而言，大部分用户都想找个平台秀给其他用户看。用户在“秀”的同时，主要是想炫耀自己，与别人比拼，例如：用户升级、粉丝数量上涨等都是炫耀的资本。对于自己在社交网络上所炫耀的结果，用户会把其分享到微博。如今，在社交网络中“炫富”的现象引发社会上众多人士的关注。

每个人都有好奇心，有些人在聊天时喜欢和别人聊八卦，因此，社交网络的发展引发了人们的“自娱现象”。其实，“自娱现象”并非社交网络的专利，而是会出现在任何地方，如今，已经造就“无跟帖不新闻”的网易跟帖文化。人们想在热门事件中表达自己的意见和观点，即使这样无法改变任何事情，有些人也乐于如此。社交网络的开放性以及扩散性，放大了“自娱自乐”的现象。

自娱的本质，是人们的消费热点事件以及那些十分有趣的事情，包括朋友的趣事。通常，人们会在微博上分享一些热点事件以及一些有趣的事情，然后在网络上进行互动，互相打趣。其实，娱乐包含很多内容，并非就是玩网游、看电影、听音乐，在网上分享一些幽默、轻松的段子，也是一种乐趣。对于QQ空间以及朋友圈中的信息，可以进行关注，并且适时

“点赞”，以此来缓解紧张的工作压力。在缓解压力、放松自己的同时，还可以给某些企业进行信息推广，在无形中给其创造红利。

对于那些在工作中煎熬的人而言，通过社交网络中的一些段子，可以从中获得帮助，受到激励，并且获得乐趣。那些名人语录以及心灵鸡汤就可以满足人们的这个心理需求。尽管有些人是出于自娱的心态去浏览信息，仅仅是为了从中获得乐趣，那也具有一定的意义。现实生活中的用户，通常具有爱心、好奇心以及侠义心，很多人都喜欢八卦，这不足为奇。通过社交网络，能反映出用户内心的真正需求。

在生活中，有很多女性喜欢在网上购买衣服、饰品以及化妆品等。在一些购物网站上，会设置“点赞”的按钮。那些已经在网站上购买商品的顾客，倘若他们真心地感到满意，那么就可以在商品下方“点赞”，或者对商品进行评论，发表自己对商品的意见。当然，有些顾客对商品不太满意，也可以提出自己的意见，发表评论，从而使商家进一步改进。

对于80后以及90后的年轻人来说，大部分人都申请了QQ账号，开通微博以及微信。在繁忙的工作之余，他们会在网络平台上浏览信息。通过社交网络，他们可以进行沟通、互动。大多数年轻人喜欢花费一些时间在网络上，对于别人在QQ空间、微博以及微信朋友圈上发表的那些有意思的信息，他们会主动“点赞”，进行转发或者评论。

当然，在网络用户“点赞”时，往往都会掺杂着一些个人情感。自己喜欢的信息，就会毫不犹豫地“点赞”，自己反感的信息，则会不予理会，或者给予不当的评论。如今，社交网络已经成为人们生活的一部分，有一些中老年人也会使用网络。有些人喜欢在网络上和陌生人聊天，有人喜欢玩网络平台上的游戏。对于QQ空间、微博以及微信朋友圈中的信息，倘若信息比较幽默，或者比较有意义，那么就应该“点赞”。

社交网络中信息的相关作用

对于那些被用户点赞、分享、评论或者转发的信息，企业期待能从中获得一些结果，比如：带来良好的口碑、带来高质量的转发互动、吸引目标用户群以及吸引点击链接或购买。对于企业而言，信息具有一定的作用。信息的流动推动着企业的发展，起着不容忽视的作用。

在微博方便用户浏览以后，推出了再度转发或评论。对于发布微博内容来说，在形式上进行细微的调整，这会带来一定的改变。比如，只需要给用户提供小小的便利，那么就可以促使信息流动，让更多用户看到信息。

倘若仔细地观察单独的某条微信或者微博，就可以看到一些细微的差异。有些人所发布的微博信息呼吁别人转发。有些人在使用微信时，在朋友圈上提醒用户点击分享按钮，鼓动用户扫描微信二维码。

一般来说，企业追求高转发高互动的微博内容。大部分微博内容都贴近用户的心理，从用户的爱心、好奇心以及侠义心入手，吸引众多用户。就内容扩散以及口碑塑造的诉求而言，企业应该选择激发用户的自娱创造。

实际上，在每一个被用户疯传的热点背后，都有自娱现象的伴随。一个热点事件，或者一个有可能成为热点事件的小事，可以进行再创造，并引发小圈子的共鸣。例如，曾经在社交网络上被疯传的《江南Style》，被主流媒体以及人群不断地提及。广大民众的参与以及再创造，会引起媒体的关注。如今，关注社交网络上的热点并转载，已成为主流媒体获取素材的渠道之一。

仔细观察一些微信公众账号的拓展以及草根大号的行为，了解求关注粉丝。在微博上，草根大号之间会采取互相推荐的方法来度过发展早期那段艰难的阶段。引导订单转化以及引导点击获得流量的行为，和获得目标用户群的行为类似。然而，获得听众/粉丝主要是依靠丰富多彩的内容以及推荐账号的受欢迎程度，实现转化则是把用户从信息中带走。由于脱离人们查看信息的环境，在这几类信息中，其流动性最差。

就鼓励用户进行分享而言，“美丽说”是值得其他企业观摩的对象。“美丽说”中的内容十分简单，核心信息较明确。相关数据显示，“美丽说”从QQ空间以及微博中获得的用户点击回流效果十分可观。

在社交网络之中，“简单”是核心的关键词。一般来说，信息是日常活动以及活动策划的体现。倘若有太多的诉求堆积，那不利于企业形成所追求的效果转化。在大量快速流动的信息当中，用户的注意力以及视线被分散。即使写满140个字，也可能无法被阅读完。因此，在社交网络中，简单聚焦十分必要。

在腾讯微博中，会显示用户所发微博被阅读数。仔细进行观察就可以发现，一条微博可能会被成千上万人所浏览，然而，转发微博的人却不多，这主要是因为用户没有驻留下来。在大量的信息当中，那些无聊的信息难以吸引用户的目光。因此，作为企业，如果没有聚人眼球的好信息，根本难以在一条信息上获得良好的效果。

在微博以及微信当中，信息的流动所发生的作用差不多。信息的流动，可以使企业获得红利。不过，对于想要拥有吸引用户点击链接的微博内容，千万不要期望有大量转发的情况出现。在微信公众号上，也有这样的特点。

在社交网络中，通过信息的互动，可以传递用户和好友间的友谊，增强彼此间的感情。另外，通过信息的扩散，可以使企业得到宣传，让企业在无形之中获得红利。可见，信息的力量十分强大，作用不可估量。

通过信息传播，可以向别人传递积极的正能量，给予别人帮助和鼓励。通过信息的传递，可以对产品进行宣传，从而使企业获得红利。信息的传递是一种良好的营销方式，值得企业采用。在当今社会，互联网发展迅速，在社交网络上发布信息十分普遍。企业也能通过在社交网络上发布信息来进行宣传。

通过社交网络，信息被扩散开，这就使得人与人之间的沟通变得更加方便。在过去，互联网还没有发展起来时，人们只能通过见面或写信的方式来传递信息，进行交流。后来，逐渐有电话机以及手机，这就使人与人之间的交流更加方便。如今，互联网逐渐发展，已经成为人们生活的一部分。通过网络，人们可以更加便捷地进行沟通和交流。

对于购物网站而言，通过信息的传播和扩散，可以达到推销的目的。当一个人把信息转发出去以后，也许会被不断地转发，从而被传播到更大的范围。这样，信息就在受众群体中流动起来，被更多人所关注。

信息流动加速了社交网络的发展，为人们提供便利，使企业获得红利。通过大量信息的流动，企业击败竞争对手。信息流动对整个社会的发展起到一定作用，值得引起所重视。

在QQ空间、微信以及微博中，点赞、分享、评论以及转发等行为都可以使信息被传播出去，在更大的范围内流动。

无论是老年人、中年人，还是青年人，都应该学会使用社交网络，如通过QQ、微博以及微信与别人交流信息。社交网络的使用十分方便，操作起来也不难。对于当今的人们来说，每天都十分忙碌，也许根本没有时间和好友见面，也没有时间打电话，那么就可以通过社交网络来给对方留言。对于别人发布的信息，应该适时“点赞”，及时转发或者评论。

信息承载着较多内容

我们把信息可以满足企业诉求的能力解释为承载力，那么，同样一条单独的微博信息上，有人可以持续卖出十分昂贵的商品，而有人却无法做到。其实，信息就如同水一样，可以承载不一样的企业诉求。随着信任的建立，可以承载的诉求会越来越大。

企业追求的效果转化与普通用户对好友的信任相关。第三方微博营销公司的微博，在针对客户投放数据以及效果回馈以后，可以发现在微博上影响商品销售的主要因素就是品牌。因为，品牌的知名度以及用户群会率先打消客户对商品的疑虑。

当一件商品被定在100～200元时，客户的投入和收益成正比。用户的浏览转化为购买行为时，倘若价格太高，那么其决策时间的心理交易成本就容易上升。相反，倘若价格太低，那么用户试错成本就容易降低。还有一个信息的要素是外观和销售时间。对一款样式时尚、价格合理的商品，在用户有需求的时刻推出，可推动用户通过微博浏览转化为购买用户。

南京开发者张自创，有多个微信公众账号，拥有百万当地用户。通过这些账号，他初步尝试通过微信来进行销售。通过微信，他销售南京桂花鸭等特色产品。在微信账号初步建立，用户完成添加好友动作时，并没有随之建立信任，很多人仍然存在着试试看的心态。

选择试错性成本低廉的商品进行购买，这是用户有意试探账号以及账号背后的运营团队，看一看对方是否值得信任。在建立信任的过程中，会伴随着别的现象，比如：掉粉、转化以及价格的提升。

比如说“掉粉”的问题。张自创发现，倘若发了太多的信息，就会对其他人产生骚扰，于是取消关注。因此，只有适度的互动，而且信息可满足用户的需求，才能建立信任。

也比如说“转化”的问题。在完成试错性购买之后，获得商品的现实接触与账号互动的联合结果就会告诉用户，某一个陌生的账号是不是值得信任。有统计显示，超过9.6%的用户有二次购买的经历。这代表着信任在增强，用户也在逐渐信任该账号。

又比如关于价格提升的问题。其实，在张自创所销售的产品中，很少有超过200元的，也就是说，其实顾客购买的都是价格相对便宜的产品。在微博营销中，很难销售大宗物品，也难以销售总价较高的物品，这还是体现出人们的不信任。但是，随着二次购买的人越来越多，新用户也越来越多，一些大批的贵重商品订单也随之而来。

由此看出，顾客在开展试错性购买完成之后，账号互动以及获得商品现实接触的联合结果可以证明一点，那就是陌生账号是否值得信任。

事实上，通过时间的流动以及维度，仔细分析社交网络之中的信息，就可以发现其呈现明显的特点。单独一条信息的生命周期短暂，信息容易失去意义。如果坚持与好友互动，就可以使用户对账号之间的保持信任。

从社交网络来看，企业所切入的角度大多是精妙的策划带动信息，使信息在目标人群中扩散。这样，可以在短时间内产生人造热点。在社交网络上的信息具有生命周期过短的特点，这会导致企业的宣传过期。当企业中的人造热点信息过于单一时，信息所覆盖的人群会更大，那么产生的效果就会很差。

在一个时间段之内，通过讲述同一个品牌的不同故事，再经过用户的关系链进行扩散，信息就可以被传递到目标用户那里。邀请或者选择一些明星以及认证账号发布微博，这样就可以借助发布者的影响力。名人更容易被人接受，所以与用户建立信任所需要的时间会更短。

随着时间的推移，社交网络会得到改善，信任度得以不断积累，其中的信息可以承载更多的企业诉求。在社交网络中，企业拥有一定的品牌知名度以及用户人群，更有助于宣传推广。在品牌的背后承载着信任，用户愿意收听就是信任的一种表现。

社交网络需要经历与用户建立信任的阶段。对于用户而言，他们对于新的社交平台有一种期待，也有一种观望的态度。所以，在用户当中建立信任度，的确需要一定的时间，尤其是新品牌以及新团队。QQ空间、微信以及微博的发展都需要经历这个阶段。企业团队通过信息所释放的诉求，不断地与听众、粉丝展开互动，形成更加牢固的品牌黏着度。一旦发生这种信任黏着，那么用户就能成为忠实的拥趸。

企业官方账号在社交网络的重心，最好别单纯地发布信息，也不要使自己背上沉重的任务，例如：获得流量以及获得用户等。对于企业官方账号而言，互动至关重要，通过互动，可以帮用户解答问题。有的微博账号没有互动，显得十分生硬，没有趣味。随意地进行搜索，就可以发现，有些企业官方账号有更新怠慢的特点。一般来说，倘若用户难以获得自己所需要的信息，那么用户就会忽略微博的存在，直到最后取消关注。

在微博当中，很多人会发布一些有意思的信息，而有些人申请微博账号以后却很少登录。对于微博而言，其发展道路有一定的阻碍。在QQ空间、微信以及微博之中，积极互动十分重要。要知道，信息承载着很多内容，通过互动，可以传递正能量。

对于发布信息者而言，其个人的专业、价值、情感、喜好、判断以及经历等要素，会依附于信息之上，在关系链中流动。对于那些接收或者看到信息的人而言，会对好友的信息做出回应，并使信息传递下去。通过信息的传递，可以为企业创造红利。一条看似微不足道的信息，可以传递很多内容。把有趣的以及有意义的信息传递出去，这对自己、他人以及企业都有利。企业可以通过在社交网络上发布信息来进行营销。

社交网络中的“点赞”使信息流动

在社交网络中，庞大的用户群点击访问、下载、注册到外界应用或网站中去，主要源自于社交网络用户发布、分享信息的行为。有些用户通过一种十分自然的状态在社交网络中分享信息，以引发真实、自然的互动，从而引起好友点击、阅读或购买商品的兴趣。

信息可以分为很多种，例如：文字、图片、音乐、视频、报道等。社交网络用户所分享的细微数据，可以汇聚成庞大的洪流，引发大量用户关注度、流量以及口碑等结果。企业在社交网络上所发布的信息可以流动到合作伙伴那里，因此，每条信息都是重要入口和通道。

不同的社交网络会呈现出不同的特点和发展方向，它们发挥作用也不一样。在社交网络中，腾讯QQ是一对一的即时通讯工具，而论坛可以被看成是一对多的延时工具，微博则属于一对多的即时通信工具。

大众默认微博如同在广场中发言一样，信息被公开，可以被查询，信息会在社交网络中流动。别人不用经过发布信息者的同意就可以进行阅读或者转发。在社交网络中，信息可以快速流动到更多关系链中去，这是一些人想要看到的结果。腾讯QQ和微信主要强调私密沟通，大部分用户都不希望自己和亲密好友私聊的信息被第三个人知道。

QQ空间、微博和微信等社交网络平台以融合互补的形态出现。在互联网上，信息流动通畅，使得各个社交网络平台之间没有明显的界限。在社交网络上，用户之间的分享通常不会受到局限。因此，服务会变成各种信息存在于社交网络之中。

在社交网络上，似乎所有商家都在为用户的时间而进行竞争。因为，同一款产品占有用户时间越多，那么就可以侵占别的产品的生存空间。在信息流动顺畅、分享无碍的情况之下，时间的共同分享逐步发生着变化。

仔细地观察不同的社交网络平台就会发现，这些平台具有很多共同点。平台的共同点主要集中在社交网络用户所发出的信息中，集中在用户之间相互收听、关注所结成的好友关系链上。作为企业，只要充分了解这些共同点，就可以使大型社交网络变成可以利用的资源。

对于信息本身来说，文字的简单或复杂，决定着其引发的互动次数和因此而覆盖的人群大小。在细微的信息之上，承载着企业和创业团队的不同诉求。观察社交网络中的信息，可以发现，有一些类型的信息更受用户欢迎，例如：幽默、娱乐、富有情感的信息。

从某种角度来说，在社交网络中流动着的并非信息本身，而是情感、利益、娱乐。然而，有些社交网站鼓励用户把信息分享到QQ空间、微博和微信朋友圈，而这些信息大多都使用机器语言，因此，有些网站的收益并不是很理想。

众所周知，大部分用户都不接受机器语言，而更加喜欢鲜活的信息，因此从社交网络用户的角度出发，鼓励各个企业发出有新鲜感、有意思的信息，这样可以获得良好的效果。

在QQ空间、微博以及微信朋友圈流动着充满朴素情感的信息，大多数是乐于助人的信息。然而，美好的情感也可能会变成负面的情绪。因此，在很多热点事件中都充斥着负面的情绪。面对信息，人们会自然而然地出现一些反应。

热点事件可以满足大众的好奇心，因此，热点事件很容易被人们所关注。在信息时代，热点事件为企业和创业团队提供着切入点。在社交网络中，获利冲动是企业吸引用户参与活动的一个要素。另外，获利冲动还是微博和微信上内容大号以及自媒体账号崛起的推力。

在社交网络平台上发布信息，信息内容要有些讲究，少写一些文字，内容做到轻松幽默。这样，才可以引起好友们的兴趣。倘若用图片或者视频和文字相结合，会起到更好的效果。一般来说，在互联网上，视频比图片更有吸引力，而图片比文字更有吸引力。

有时候，那些拥有大量用户的应用反而需要留心。倘若企业可以准备不同的有趣文案，并且固定期限进行更换，那么就可以避免一些尴尬。实际上，有些枯燥的信息只要略微做一些改动，就可以获得截然不同的效果。

在社交网络中，企业可以通过一些方式把目标用户聚集到自己的账号下，从而建立企业大号。这样，就可以为用户提供客户服务，这是社交网络为企业提供的便利，无可厚非。然而，即使账号的粉丝再多，也只有发动更多用户吸引其好友，关系链才会充分爆发出力量。

在社交网络中，“互动”是“流动”的代称。“点赞”、“分享”、“评论”以及“转发”的数量和互动的活跃程度，主要取决于信息文案的质量。当然，互动也和用户的好友数量紧密相关。在社交网络平台上，互动是简单、直接的激励。通过积极的互动，可以使有价值的信息流动开，从而形成口碑效应。对于企业来说，要获得大量的关注，应发布高质量的信息。

社交网络中信息的进化

在社交网络中，微博的信息快速发展着。起初，微博能够支持140个汉字。随后，可以加上图片以及网页链接。随着时间的发展，微博又被加入音频、视频以及GIF的功能。同时，与微博进行合作的第三方进行很多扩展，逐渐开发出长文转图的长微博功能以及多图的处理方式。

信息在不断地进化，这使得其以不同的形式呈现出来。在各个社交平台上，用户的“点赞”行为可以使信息流动起来。那些风趣幽默的信息更有吸引力，用户的转发以及评论等互动行为可以使信息扩散的范围更广。一旦信息变得更加有意思，那么就会激发用户“点赞”的动力，这样有利于信息的传播。微博仅仅能发送140个字，但对于企业而言，无须将信息局限于140个字。多配合趣味性和实用性兼具的图片、视频，会使信息快速地传播出去，得到更多人的关注和认可，从而进行“点赞”，或者直接把信息转发出去。

随着时代的发展，信息变得更加丰富多彩。信息的进化，对企业的发展起到良好的作用。

信息的变化为社交网络带来想象的空间，信息的变化速度越来越快。对于社交网络用户而言，丰富的信息具有一定的吸引力。在信息流动的整个过程中，可以吸引很多用户的注意力。

新的信息类型和信息发布渠道的产生，使信息的呈现变得多元化。要知道，信息并非只是冷冰冰的文字和链接，信息可以用娱乐的方式呈现出来。在新信息类型当中，合作伙伴能展现出自己更具吸引力的一面。这样，可以使用户感到有意思，从而进行互动。有意思的是，合作伙伴会把功能融入信息本身，通过信息与用户进行交流。

2013年的春节以后，腾讯微博Rich Feeds试点继续正常运行，“啪啪”进入第三批试点名单。一直以来，Rich化是腾讯微博看好的一个方向。在微博信息进化的过程中，许多十分简单的信息也能够承载较多服务。通过社交网络用户的细微分享动作，每一个进入微博的信息都会成为关系链中其他用户体验、查看新服务的窗口。在这样的趋势之下，信息将会逐渐成为服务本身。

2013年4月，腾讯微博Rich Feeds试点正式完成。相关数据显示，在分享用户数量不变的情况之下，在微博当中，“啪啪”的Rich消息被点击打开的次数高达200万。在Rich消息中，允许用户直接点击下载。这样，下载次数与过去相比提升3.8倍。这次的数据与第二批试点网站一致，在Rich化以后，用户点击回流访问量有所提高。

在与合作伙伴沟通的过程当中，总是过分强调用户信息的质量。其实，幽默、富有情感的信息比冷冰冰的机器语言更有吸引力。然而，在很多网络平台上都使用机器语言，这就使合作伙伴从微博中获取流量的用户数降低，甚至会影响到合作伙伴的利益。另外，使用机器语言将会直接影响下载量。

对于这种Rich化所带来的变化，腾讯创始人马化腾曾说：为什么大家觉得在微信公众平台上发信息更特别、更有魅力呢？其实主要有几个特征与过不同。有了移动客户端和微信平台，人们在用手机发送照片时，还能够发送原始的录音，这种便捷的发送方式在电脑上是难以实现的。依靠过去的网络技术，通常只能发送简单的文本，但是现在有了更加丰富的形式进行沟通。在这样的趋势下，每一个细分的动作都会变成信息本身。

其实，同样的道理，信息又可以看作是服务或者应用本身。当在微博上看到用户分享一条来源于游戏或应用的信息时，点击此信息，那样就能享受这款应用所提供的服务或体验游戏。每一条信息都可以成为游戏、应用或者服务的直接入口。

微信聚焦于无线之上，因此，呈现在微信上的应用很独特。围绕微信平台的APP化趋势，创业者早已经有深入的讨论。用户与应用平台之间的关系会以互动的形式呈现出来，当用户对着某一个账号发出指令时，这个账号就会迅速进行反馈。在这样的情况之下，互动就成为应用本身。通过十分简单的问答来完成互动，在未来，这种趋势会逐步强化。也就是说，随着社交网络的发展，互动就是应用本身，应用本身就是互动。

随着信息的进化，信息的呈现越来越复杂，但是用户的动作会越来越简单。对于合作伙伴而言，并不用再像之前那样在信息文案上反复揣摩。另外，并非所有企业或用户都要使用简单的140个汉字。其实，可以充分理解信息特点的账号并不多。

新的信息类型降低用户以及企业使用的难度，企业以及用户都不必再为文字而担忧。只要把格式化的数据传送到微博或者其它的社交平台就可以，就如同“啪啪”被用户分享到腾讯微博的Rich Feeds。用户不用再跳转到其他地方进行体验，通过在社交网络中流动的信息就可以直接体验合作伙伴的服务。例如：在Rich Feeds能试玩游戏或者购买电影票。

在相同的Rich化趋势之下，很多社交平台都有所体现，只是各平台的叫法不一样。其实，腾讯微博只不过是在Rich化趋势之下的一个方向试探。在未来，还会有很多变化。

对于社交网络而言，信息的应用至关重要。即使一条简短的信息也可以承载很多内容，传递正能量，为企业进行宣传。通过信息的传递，在无形之中为企业创造红利。对于企业而言，利用信息传递的力量，可以加速企业的发展。

如今，很多企业都选择在社交网络上进行营销，其实是极其节省的方式。社交网络就像一张无形的网，信息可以通过各个社交平台得以传播。在社交网络中，即使用户简单的“点赞”行为，信息就会被更多人所关注。信息快速进化，并不局限于微博能发的140个字，还可以通过各种各样有趣的方式呈现出来，这便是社交网络快速发展的一种体现。

无论在怎样的社交平台上，都可以看到信息的变化。在未来，信息会以不同的形式变化着，以便于企业更便捷地使用社交网络。对于社交网络用户而言，其在社交平台上的动作会越来越简单，不再像最初那样繁琐。

社交网络中的轻量应用

如今，随着社交网络的崛起，人们不用见面，只需通过社交平台就可以轻而易举地进行沟通互动，传达信息。不管是社交网络普通用户还是企业用户，都不能忽视马桶游戏和轻量应用。对于很多社交平台而言，轻量应用至关重要。

在一次公开的论坛中，手机游戏公司“热酷”的CEO刘勇表示，倘若一个游戏无法碎片化，那么今后便没有生存空间。即使是那些在网吧花费10个小时的人都不会去玩这样的游戏。当用户的手机一直处于在线状态时，他们的时间就会被切碎。因此，我们提出一个“马桶游戏”的概念，与打麻将相比，这会更加碎片化。

从长篇博客发展到140个汉字的微博，可以看出，书写的门槛在降低，这使得微博在初期能够吸引众多用户。然而，微信的产品经理认为，有些用户可以把140个汉字的微博写得十分精彩，这就会给别的用户带来心理压力。

要知道，与阅读文字相比，看图片更加直观。对于用户而言，使用手机拍摄图片并没有门槛，因为只要我们拥有一部手机，随时随地都可以拍照，这是再简单不过的事情。因此，微信朋友圈建议用户多发些图片，只要配上一些简单的文字就好。这种信息所呈现出的状态比微博更加“轻量”，用户操作起来也十分简单。在无线客户端中，用户的信息也呈现出“简单”、“轻量”、“碎片”的趋势。

在微信朋友圈中，好友会对那些“轻量”、“简单”的信息进行“点赞”，或者浏览以后转发出去，这样就可以使信息快速传递。一般来说，很多人都不愿意花费时间去阅读大量文字，认为那样很浪费时间。那些丰富多彩的图片信息更容易吸引微信用户，用户会根据个人爱好选择自己喜欢的信息进行“点赞”。

在无线和社交的双重影响之下，信息的“简单”、“碎片”尤为突出。那些可以把信息碎片化的应用率先获得收益。无论是“啪啪”还是微信朋友圈的“疯狂猜图”，都获得了红利。

随着互联网的发展，很多应用都趋向于往“简单”、“轻量”的方向发展。“热酷”运营一款名为“找你妹”手机游戏，这是十分受欢迎的一个手机游戏。公开的数据表明，截止到2013年4月，该款手机游戏的注册用户超过5900万，每日活跃用户量为700万。

在2011年时，微博展开游戏试点。与其他游戏相比，微博社交平台的游戏操作起来非常简单。因此，社交游戏适合在社交网络中生存。在大部分社交游戏迁移到微博平台以后，就变得有所不同。在微博平台，获得新用户的成本以及速度都相同。然而，在微博上，用户没有更多的耐心，不想花费更多时间在同一款游戏上面。

在以前，游戏开发商会设置较多环节，提高游戏的难度。然而，在微博试点的游戏中，并不提倡这样的做法，这样的游戏可以吸引一些用户，却不能吸引更多的用户。在微博游戏中，那种渴望提升付费率的思路不可取。

倘若用“水”来形容微博，那么信息就如同流水一样，在关系链中快速流动，这可以用“轻”来表达。倘若把更加轻松、简单的游戏玩法与游戏体验用“轻”来形容，那么，高难度、多环节、操作复杂的体验就可以用“重”来形容。

在不同社交网络的信息状态之中，应用所能体现出的效果以及业界所采取的动作有所不同。在QQ空间中，内容的呈现更加丰富，这样，留住用户的时间会更加长。用户也肯花费更多时间去浏览好友的信息。

轻量应用使得用户扩展，其速度十分惊人。更“轻”的游戏和应用，并非是指牺牲体验，而是要求更高。例如：在微博上分享、讨论“找你妹”以及“保卫萝卜”两款手机游戏，就是利用社交分享带来的关注。这些游戏体验留住用户，其他一些应用中也如此。

一般来说，应用的使用越复杂，那么就越难以留住用户。因此，要想留住更多用户，就要使游戏的操作简单。这样，在玩游戏的过程中，用户的成就感和愉悦感得以释放。只要使用户不断获得互动奖励，那么就可以使更改更多用户继续留下来。

通过“点赞”或者评论等互动行为，可以将用户的愉悦感传递给更多人，从而吸引更多用户参与进来。把用户创造的有意义的内容推荐出去，这是对用户的一种激励。

其实，“轻量”、“简单”对活动运营的设置原则具有一定的影响。比如京东商城曾经策划过微博转发活动，只要用户进行转发，既不用@别人也不用进行评论，就能参与低价购买smart汽车的活动，这次活动吸引了40万用户参与。互动参与的轻量化使用户看到信息后迅速决定是否参与活动，并且使信息在用户中快速流动开。

在社交网络中，越“轻”的游戏越容易通过流动的信息迅速扩散。碎片化的信息为应用提供一种思路，那就是忽略应用本身，追随着用户，进入更多社交网络之中。也就是说，推动信息进入社交网络，通过网络带动产品的传播。

社交网络不断发展，创业团队快速推进。重视最终页一向是网站改版所推进的方向，每一个被分享到社交网络的链接，当被用户点击打开以后，展现出的是以最终页面为开始的整体服务。这样，用户通过任何的碎片进来，都可以直接看到最核心的信息。“美丽说”、“蘑菇街”等社区导购网站就体现出重视最终页的特点。查看每个单独的商品页面，下面是新一轮广场内容推荐，新的循环就以这样的方式展开了。

企业微信公众账号营销的秘诀

在微信的基础之上，腾讯公司新增了一个功能模块，即微信公众平台。通过微信公众平台，企业和个人都能打造微信公众账号，与特定群体进行语言、文字以及图片等沟通和互动。用户或者企业能登录微信网站mp.weixin.qq.com注册微信公众平台账号。

如今，很多企业都注册了微信公众账号，通过微信公众账号来进行营销。这既可以节省推广的花费，又可以使信息快速被传播出去，是一种极好的营销方式。微信公众账号与微信普通账号相结合，会起到更佳的宣传作用。因为，好友看到信息以后会进行“点赞”，并鼓动其好友关注企业信息。通过微信公众账号，企业信息可以快速地被传播出去，这有利于企业的推广和发展。

值得注意的是，倘若你的微信公众账号属于组织或企业，那么就要使用法人的身份信息进行登记，或者提供企业主要运营者、管理者的信息登记。添加微信公众账号信息时，申请的中文名称可以重复。

不必担心别人抢注自己的微信公众号，对于企业来说，只要进行官方认证就可以。填写公众号信息以后，就可以进入微信公众媒体后台，这样即注册成功。在微信公众账号注册成功以后，便可以进入后台的“设置”板块，并对微信公众账号进行微信号（账号域名）、二维码以及头像等设置。

在微信营销当中，二维码和微信号至关重要。设置微信号以后便无法再进行修改，因此，无论是企业还是个人，在设置微信号时应该慎重一些。有些企业会在微信号中加入“–”等符号，认为这样看起来会更加好看，然而，这样根本不方便记忆，同时不便于目标人群对账号进行搜索。

在微信公众账号的首页，会显示待办事项，包括新订阅人数提醒以及新消息。图标会显示出平台订阅人数以及消息数每天的变化情况。实时消息就是订阅自己的用户所发来的消息。通过平台，可以快速回复对方，从而增加平台的互动性。当然，可以设置自动回复。倘若企业的微信公众平台有APP化的相关功能，那么就可以清楚看到互动情况。

通过微信公众账号群发信息的方式有5种，即：语音、文字、录音、图片以及图文信息。单击“图文消息”就能从素材库中选取已经编辑好的内容发送。在“群发对象”当中，选择不同组，可以实现更加精准的信息推送。以“图文消息”作为例子，选取消息进行群发，在左侧“已发送”中可以查看发送状态以及发送记录。

通过“素材管理”可以提前编辑想要推送的内容。语音、图片以及视频都能提前上传，保存在素材库中。在图文消息中，能根据需要选取新增单图文消息或者多图文消息，进行内容的编辑。通过“设置”选项，能设置微信公众账号的名称、地区、头像以及介绍等信息。在设置过程中，还会自动生成不同尺寸的二维码，可以按照需求进行下载。

“高级功能”是微信营销的核心，主要分为“开发模式”和“编辑模式”。“开发模式”为企业微信实现APP功能提供地方，“编辑模式”是通过规则进行的自动回复以及自定义自动回复。在“编辑模式”中，又分为“关键词自定义回复”、“自动回复”以及“被添加自动回复”。

微信营销内容主要的作用就是服务。要想留住粉丝，并且增加粉丝的数量，那么就要依靠内容的运营。要知道，内容并不仅仅是文字，还包括语音、图片以及视频等。在微信营销中，确立微信主题十分重要，这是微信营销的根本，更是体现与竞争对手差异的关键因素。

对于企业来说，应该摆脱微博营销的影响，别直接使用企业的名称作为微信号，应该在内容以及功能上进行品牌化传播。因为，微信营销的宗旨是使企业的目标人群依赖于企业。在进行微信营销时，企业会维护“辅助”的微信号。这些“辅助”的微信号既可以经营粉丝，又可以传播企业的品牌。

在微信公众平台上，曾经有一些“草根大号”，这些“草根大号”以内容为主。然而，这些号基本上已经被封掉。随着微信公众平台端口的开放，微信的主要作用就是为企业进行服务。微信营销并非单一的推广工具，而是一种营销利器。在推广微信公众账号时，企业要针对目标人群进行全面推广。

嵌入式的营销服务方式与普通账号进行配合。在进行微信营销时，在内容以及功能端口进行设置。这样，当粉丝进行自主互动时，企业已经完成对粉丝的营销。倘若粉丝直接输入语音、文字等内容，那么需求点就更明确。

在进行网络营销时，企业习惯于把获得咨询人的需求以及联系方式作为目的。然而，在微信营销上，企业先获得用户的联系方式以及需求点，然后再进行咨询。因此，越来越多的企业选择微信营销模式。

在进行微信营销时，微信公众账号与普通号进行配合。也就是说，在进行推广时，微信普通账号向好友推荐企业的微信公众账号。好友的推荐至关重要，通过好友的推荐，会有更多人来关注企业。这样，企业才可以更好地进行推广。

另外，可以与微信公众号手机助手等功能相结合。随着时代的发展，微信营销已经成为一种趋势。通过微信公众账号，企业可以直接与用户进行互动，为企业和用户提供了便利。

权力再分配和媒介重组

社交网络不断壮大，过去的一些媒介不断地遭受着挑战。有些媒体记者撰文，在微博账号、微信公众账号以及各类网站上发表个人观点。某个事件会触发众多社交网络用户吐槽，在微博中，一个事件会因为公众的吐槽而演变成热点，然后演变成媒体热点，最终再度落地。如今，可以说，每一个社交网络用户都拥有媒介权力。

如今，任何单向媒体都不能满足公众对于信息的渴求，即使这个媒体曾经在业界是权威。随着微博和微信的崛起，公众参与互动的门槛降低。可以说，每个用户的账号都是“自媒体”账号。自媒体账号对大众的舆论带来影响，随着时间的推移，自媒体账号还会为企业传播方式以及用户获取方式带来一定的改变，从而推动媒介的改变以及媒介权力的再分配。

在社交时代，每个用户和每个账号都是传播节点。最初，出现一定变化的是内容本身。在视频网站崛起的前后，很多身处新闻现场的普通人成为“拍摄／撰写”报道的核心。要知道，在这个世界上，每天会发生很多事情，专职记者无法第一时间出现在事件现场。然而，普通民众可能会在现场，这就成为了媒体获得第一手信息的渠道。

用户可以自己拍摄视频，撰写博客并进行发布。社交网络的普及，使得一些事情变得容易起来。通过微博，可以使各种信息迅速被传递出去。在QQ空间、微博以及微信等社交网络上，用户习惯于浏览好友推荐的文章和链接，特别是那些比较有意思的信息。有一些人会对自己喜欢的信息进行“点赞”，有些人会进行转发或者评论。

在社交网络中，用户的“点赞”、“转发”以及“评论”等互动行为，折射出媒介权力的变迁。大多数人都不再相信过去的权威媒体，目前，媒介权势的迁移速度很快。在网络媒体时代，迁移的过程从传统媒体部分让渡到网络媒体。然而，当社交网络蓬勃发展时，更多媒介权力逐渐转移到社交网络之中。媒介权势的变迁主要源自于好友关系链以及依附于好友关系链上的信任。

媒介权势的迁移才刚刚开始，今后的迁移速度会越来越快。生产方式的变化再次激活原创作者的活力。如今，微信自媒体账号以及微博内容账号已经具有一定的规模。然而，狭义的“自媒体”就如同报道和博客，内容丰富，大多数是长篇。但是，可以持续提供高质量内容的自媒体很稀少。

从广义的角度来说，每一个具有影响力的用户都可以成为自媒体，无论是名人、公众账号还是普通用户，都会承接由信任所赋予的新媒介权力。有一大部分媒介流失的权力会返还给民众以及专业人士。在社交网络中，民众所获得的媒介权力，无论这种权力有多大，可以覆盖多少人群，都会发生一定的作用，特别是与好友之间的信任背书相结合。用户并不满足于过去单向的信息接收，大多数用户都渴望互动，对好友的信息“点赞”，或者进行转发、评论。用户希望和好友分享自己的感受，在微信朋友圈以及微博中进行发布。

新的信息流动，会带来新媒介形式的变化和更替。在当今的社交网络中，无论是网站还是媒体，都能看成独立的应用或账号，它们以碎片化的信息或互动存在于信息流中。媒介权力返还给普通用户，普通用户发出细碎的信息。在信任背书的推动之下，新的社交红利时代已经到来。对于企业而言，也随之开启新的营销时代。

如今，互联网发展的速度惊人，过去的那些媒介逐渐受到网络用户的轻视，已经难以保住自己的地位。社交网络在不断发展，民众已经获得媒介的权力。每一个社交网络账号都是一个“自媒体”，对社交网络具有一定的影响力。

其实，用户在QQ空间、微博以及微信朋友圈中的“点赞”、“分享”以及“评论”等互动行为，都是社交网络赋予用户的权力。每一个用户都有权利在社交网络平台上对信息“点赞”，可以发表自己的个人观点，最终促进信息的传播。

对于企业而言，当用户在微博中分享企业的信息时，会对企业产生一定的影响。分享信息的行为可以使信息得到传递，被更多用户以及企业所关注，这对企业的发展有利。如今，很多企业都选择网络营销。因为，通过网络进行营销，既可以节省一些推广费用，又可以轻而易举地获得更多顾客。

每一个社交网络用户都是“自媒体”，会帮助企业进行宣传。因此，社交网络用户具有一定的权力，对企业的发展有至关重要的作用。用户对信息的“点赞”、“评论”以及“分享”等互动行为，也具有一定的力量，可以使信息在更大的范围内扩散开。

QQ空间、微信以及微博等社交网络平台都推动着互联网的发展，推动着企业的发展。通过社交网络平台，人们的沟通更加便捷，企业的宣传更加便利。在推动互联网以及企业发展的同时，社交网络平台自身也受益，能获得可观的红利。

因为每个拥有社交网络账号的人都具有媒介权力，因此，每个用户都对互联网以及企业的发展产生着一定的影响。当然，社交网络平台也给用户本身带来方便，在这种互惠的原则之下，权力再分配、媒介重组是很自然的发展方向。用户的媒介权力具有惊人的力量，会给企业带来红利，所以，每个人都别轻视用户的媒介权力。

回流的差异和优化

随着时代的改变，互联网也在不断地发展。如今，无论是哪个年龄段的人，都喜欢通过社交网络和别人分享、交流。有些人喜欢通过腾讯QQ和好友聊天，这样，双方不用见面，就可以进行沟通。有些人喜欢在社交网络上分享一些有意思的信息。对于社交平台而言，应该注意回流的差异和优化。

有一些社交网络平台习惯于鼓励用户在微博上分享信息，然而不同质量的信息所产生的回流有所不同。对于那些高质量的信息，用户就会主动“点赞”，并且把信息分享到其他的社交网络平台，使信息被其他更多的用户看到。而对于那些质量低劣的信息，即使用户进行分享，信息很容易在某个用户那里终止，产生的回流也不太理想，所以会严重影响到互动的效果。

对于社交网络平台而言，要想对回流进行优化，就要注意信息的质量。避免使用机器语言，这样的语言枯燥、乏味，难以使用户产生兴趣。在平台中，机器语言会影响分享的效果。机器语言难以让用户主动去“点赞”，更不用说将信息传播和推广。

2012年年底，某家知名互联网公司在平台上展开活动。这家公司鼓励用户把信息分享到微博，由于公司有着巨大的用户群，因此，公司在一日之内使用户在微博上分享大量信息。虽然公司有庞大的参与用户群，但是，在活动结束以后，这家公司根本没有从微博中获得理想的回流，回流的数据十分惨淡。因为，微博上的用户对这个活动不太感兴趣。

在社交网络中，特别是在微博当中，活动困境困扰着很多企业。与数字可观的参与人数相比，追求的获取新用户的效果可以忽略不计。在以上的案例中，主要问题在于消息的文案撰写上。就这个案例中的文案撰写而言，显得过于乏味、单调。在很多网站中，默认分享信息和应用的活动文案都是这样，人们形容它为机器语言。也就是说，这样的文案没有太多感情色彩，用户以及其好友圈被排斥在信息之外，这样就难以产生互动。

用户在网站或应用上分享大量信息，然而，这些信息并非其他用户所需要的内容。因此，目标用户不愿意从社交网站进入目标网站，这就形成是信息传播链断裂，信息会终止于某个用户。在社交网络当中，分享行为可以使信息快速扩散。倘若信息的质量好，那么信息的流动就不但不会终止，而且会在用户之间不断流动。

单纯的机器语言信息很容易被抑制住，被平台或者用户本身所抑制。其实，在社交网络中，信息并没有好坏之分，信息能否传递下去，关键在于“合适的信息”能否在“合适的时间”出现，并且是出现在“合适的人”面前。

在相同的时间点上，那些对用户而言没有意义的信息，会淹没用户真正需要的信息，从而使用户获得信息的效率下降。当那些没有意义的信息在微信朋友圈泛滥时，微信曾经直接关闭接口。面对同样的问题，微博则采取“微博管家”的产品模式，把那些泛滥的没有意义的信息收纳在相同的一个地方，从而避免这些信息直接被用户看到。

在庞大的用户群面前，单一的信息极其易腐。单一信息大规模涌入社交网络中，当人数达到数量级时，即使是再优秀的文案，经过无数人发布之后，引发的效果也会有所降低。因而，此时对于信息的变化以及个性化要求就会提升。

对于社交网络而言，业界的惯性思维仍然没有扭转，社交网络用户默认关注的仍然是平台的资源。对于微信、微博这样的平台，也无法像过去的网络媒体那样，采取置顶头条的形式强制影响用户。而且，在媒介演变的过程中，权力逐渐被返还给普通用户本身，用户所处的领域、关系链、行业以及圈子构成自身权力的基础。对于用户本身的关注，鼓励企业激发出用户的分享欲望。通过每一个真实并且具有个性的信息，可以把用户的影响力聚拢，从而汇聚成十分可观的收益。

社交产品信息的质量很重要。要知道，每一条信息都是用户了解社交产品的入口。社交网络平台应该在信息上多投入一些时间和精力，不断地进行优化。那些高质量的信息，即使在传播过程中沉淀在了社交网络当中，也会发生理想的长尾效应。倘若抽取一些在微博获取超大流量的网站信息，仔细地进行观察，就可以看到这种特点。

对于合作伙伴来说，会鼓励用户分享高质量内容到社交网络。值得注意的是，并非大量的信息充斥就可以带来一定的价值。有些游戏应用在某个关卡处就会引导用户进行分享，海量雷同的信息迅速充斥着微博，这样反而会降低用户的接受度。在这种情况之下，采取“一降两升”的措施，降低单一用户所分享的信息数量，提高信息的个性程度，并且提高主动进行分享的用户数。与其使相同的用户每天分享20条信息，不如使20个用户每天分享一条具有个性的精彩信息。

信息的质量直接影响着分享的效果，从而对回流量产生影响。倘若想要获得可观的回流，那么就要提高信息的质量。在优化的过程中，也许会遇到一些困难，然而，只要使信息个性化，就可以引起更多用户的兴趣。当然，一条信息可以不幽默，但是应该具有独特的个性，并且带有情感，这样才会更加有吸引力。当用户看到独具个性且富有情感的信息时，自然而然会进行“点赞”，并且主动在微博中分享信息，增加信息的回流量。

第三章 关系链壁垒，可以将资源变成收益

对于互联网来说，刚开始发展阶段，海量的内容和话题都是以理性作为驱动力的，人与人之间的沟通更多的是用冰冷的信息传递，渠道也是单一化的。然而，由于社交网络的迅速崛起，互联网从此多了“人本”色彩，网络用户的信息、交易、娱乐都变得更贴心和真实。从此，机遇社交网络平台的以信任为基础的关系链形成。为此，对于想要从社交网络中获取红利的人来说，能否挖掘用户一个简单的“点赞”、“关注”背后的力量，是能否在社交网络时代获利的关键。

关注好友，点个“赞”

伴随着时间的推移，关系链逐渐扩张，网络上传播的信息也越加丰富。对于那些经常身处于社交网络中的人而言，“自己的好友如同整个世界”，信息会在好友的账号中流动。有些信息会通过好友的好友传播到自己这里，这些丰富多彩的信息将占据自己的视线。

网友发布的信息可以吸引自己的注意力，通过“点赞”，可以使信息受到更多人的关注。对于网络用户而言，应该主动关注自己的网络好友，适时“点赞”，这也是对好友的一种鼓励。通过“点赞”，信息就可以被传播。然而，对于那些发出去却没有被传播的信息，就如同不存在一样，这种信息没有特别的意义。

对于一张大型的社交网络而言，除了平台自身的能力以外，对网络用户本身有着一定的要求。要知道，收听对象的质量如何，决定着每一位用户是否能够在网络平台上玩得愉快，收听对象发出的信息是否可以在自己需要帮助时起到一定的作用至关重要。在收听别人时，当看到别人发出十分有意义的信息时，应该主动“点赞”，这样可以产生良好的传播效果。

对于那些使用QQ、微信以及微博的用户而言，适时点赞至关重要。以QQ空间为例，只要在好友的空间信息下面点赞，就可以在无形中拓展自己的人脉。因为，你的好友的好友也可能是你的好友，你点赞以后，对方就会关注你，甚至加你为好友。

对于网络用户在社交网络的成长而言，无论是发言、关注还是收听，都有三个时期。对于使用QQ、微信而言，也遵循这样的规律。在使用的初期，用户会不断地添加好友，以此来拓展关系链。用户会加入一些QQ群或者微信群，会在群里和其他用户进行聊天。一旦新鲜的感觉消失，有趣的阶段过去，用户才会进入正常使用这个平台的时期。

有些用户会屏蔽一些没有意义的群，从而避免受到骚扰。当然，这些用户也会保留一些能满足个人需求的群，并且会在群里和其他人保持沟通。此时，关系链就会起到一定作用。

用户刚进入社交网络时期。通过微博为例来进行说明。最初，用户刚刚进入微博时，并没有其他用户关注自己，没有人收听，而自己的时间轴空白，发言为零条。作为新用户，也许会不知道该如何使用微博，感到不知所措。为了方便用户获取想要的信息，相关的微博运营部门会在这个时期介入推荐账号的动作，推荐美图、美文等有趣的信息，以吸引用户的注意力，挽留住用户。虽然，这种做法有弊端，但是却可以起到一定作用。只要采取适当的方式，那么就可以吸引住用户。

当用户进入活跃时期以后，好友的数量会增加。例如：以微博为例，会逐渐地增加新的微博内容、自己收听的人数明显增加、增加新的听众等。以微信为例，会增加新的微信内容、微信好友以及公众账号等。

在进入活跃时期以后，用户需要面临两方面的问题。一方面是信息量过载所带来的阅读困惑，另一方面是关系链的维护变得十分困难。作为网络用户，应该对此多加关注，并努力寻求解决问题的办法。

在微博用户以及部分微信用户群体中，已经出现上述两种问题。对于微博用户来说，有一些用户会抱怨，因为随着自己收听的人数增加，微博中会出现一些没有意义的信息，有些人会闲聊。对于微信用户来说，由于订阅太多微信公众账号，就没有那么多的时间去看那些被推荐阅读的文章，有些人可能会产生心理压力。

虽然，有的微博平台采取相应的措施，限制最高收听、关注账号的数量。但是，仍然难以避免信息过载的现象。为此，信息的重新整理是优化的一个方向。腾讯微博3周年新版，进行了信息流的筛选，这就使上述不良状况得到一定程度的缓解。对于微信用户而言，过载的影响十分显著。

通过媒体账号收听太多的微信内容，导致用户每天收到的推动信息堆积起来，会使人产生心理压力。这样，有些人就会选择取消订阅。微信采取相应的方式进行处理，弱化订阅的公众账号以及微信群的数字提示。

用户进入成熟时期时处于最佳的状态，用户会主动优化过程，取消那些无趣的账号，选择收听那些自己喜欢的用户。对于用户而言，取消收听或关注某个账号的成本低廉，有些企业账号在发展到一定时期时，粉丝或听众的数量根本无法上涨，甚至还会跌落。在不同的平台上面，用户对于信息过载所带来的骚扰有一定的容忍程度。在微博上面，相同的一个官方账号也许要发展到10万名听众时，才会出现无法上涨或者跌落的情况。就微信而言，也许粉丝或者听众在刚刚过万时就会出现退听的情况。对于私密沟通的工具，大多数人对于信息骚扰的容忍度都不高。

发布信息的过程也会随着时间的改变而有所改变。在初期，那些“话唠”用户十分广泛，由于新鲜感的驱使，很多用户不断发布一些内容。倘若自己所发布的内容根本没有被别人关注，或者互动很少，那么用户就会开始调整，减少自己发言的次数。到达第三个时期时，用户就会进入被自己的关系链认可的一种发布状态。在不同时期，用户活跃的程度不同，这就在一定程度上左右平台的高低起伏。用户进入成熟期，大型平台的信息发布量会减少。

总的来说，如今，在商业中、教学中以及业余生活中，QQ、微信以及微博被大多数人所应用。在这样一个信息化的时代，我们可以通过网络相互认识和交流，最后成为朋友甚至合作伙伴。每个人都应该懂得使用网络交流平台，通过网络浏览到丰富多彩的信息。适时点“赞”，是对别人的一种支持，也有利于提升自己的人际关系，结交到更多的朋友。这将从中获得无形的利益，有利于自己事业的发展。

摒弃误区，做好社交网络营销

随着互联网迅速发展，各种各样的社区网络平台开始搭建起来，逐渐形成庞大的社交网络体系。社交网络和社交媒体越发深刻地影响着大众的生活。李开复曾经表示，我们每天都在用社交网络，未来必定会成为人与人联通的大杀器。其实，李开复只说了一个方面，社交网络平台的作用具有多样化，它不止是人们交友、聊天的工具，还是营销推广的利器。

社交媒体作为新兴的、有生命力的资源，它的存在和发展是必然的，而且利用网络营销必将是未来发展的趋势。此时，如果还不重视社交网络的力量，那就大错特错了。关于社交网络，有的人并不重视，在人们心中还有很多误区。

社交网络只不过是小孩子玩的游戏。的确，正如Facebook创立，当初只是为几所大学的在校学生搭建的平台，交流只局限于小范围的人群。然而，如果按照互联网的年纪来计算，那已经是石器时代的事情了。如今，我们可以看看国内外的社交网络，如国外的脸谱网、推特网、YouTube等，国内的百度贴吧、天涯论坛、空间、博客等，无一不聚集了大量商家，因为商家们发现了社交网络的潜在价值。因为在这些社交网络上，只要通过发布高质量的信息（广告），或者组织建立特定的板块来发布信息，很快就会有大量用户“点赞”、分享或转载，企业就能从中获利。

社交媒体只是短暂的网络风尚。曾经有来自英国利物浦的四个小伙子，组成乐队参加埃德·沙利文秀，他们在现场表演后，一炮而红，引起了人们的广泛关注。不过，当时就有人说：这几个小伙子风头正劲，延续不了过久的。然而，这个乐队并没有像人们所说的那样很快消失，而是在音乐道路上取得了巨大的成功。他们就是著名的The Beatles（披头士）。同理，社交媒体成为了时代潮流，成为了全球通讯的一部分，任何人都不应该忽视它。

作为新型营销渠道，社交媒体的搭建并不需要花费很多资金，因为一般都是免费注册，只会收取一些会员费。当然，账号注册是免费的，并不代表不耗费任何精力和时间就能搭建好一个社区网络平台。如果认真经营一段时间，那么很快就会发现，管理好社交媒体网站，或者要维护好社交媒体网站，必须要投入大量精力。如果一开始就没有很强的自控能力，那么网上各种眼花缭乱的内容会耗尽你的时间，导致社交网络无法搭建起来。

如此看来，社交媒体是值得拥有的平台，然而又需要投入大量的时间和精力。如今，可能每个人都很忙，时间成为了一种稀缺物。经营社交网络，也许每天只需要抽出30分钟时间，就可以保持良好的运营状况，并不断扩大社交媒体营销的规模，获得应得的效益。为此，不能总是说“我太忙了，根本没有时间使用社交网络”。

从现在看来，社交媒体铺天盖地，无孔不入，正掀起一股强劲的营销风暴，但是，再强大的社交网络平台，都不可能让一个企业在一夜之间扭转颓势，也不可能让一个人一夜暴富，更不会让一个人的销售业绩突然暴涨。社交网络有强大的魔力，但不能太过夸张它的功能，它的实质其实是一个市场营销工具，这与公关、展销、广告等没有区别。所以，要充分利用社交网络来营销，但是又不能仅仅依靠社交网络，因为这远远不够。

社交网络上第一代先驱者们的确有人取得了巨大成功，简直如神话般存在，但是随着互联网的迅速发展，利用社交网络的人越来越多，人满为患，竞争越发激烈。我们的问题是，看自己是否能将社交网络融入到营销当中去，并实现自己优先的商业目标。

对于社交媒体，如果能够有策略地使用，并辅以高质量的内容和精心挑选的目标受众，它就能成为高度人性化、高度集约化的营销方式。社交网络能够帮助你便捷地与有价值的商务关系保持密切联系，锁定已有的客户群；增加你和那些知名博主、媒体记者、领袖意见等成功建立联系的可能性，他们都能为你的产品带来正面评价，宣传产品和服务。

对于企业来说，能够在社交媒体上占据一席之地，与专门投入资金和技术建立自己的网站同等重要，必须两手抓。如今，大部分消费者在进行消费或者业务的时候，如果发现对方是一个没有网站的企业，都会很谨慎地行事，因为没有网站的企业，在消费者心中的信任度会大打折扣。现今，如果没有在社交网络搞好“公关”，也同样难以获得消费者的青睐。

倘若在社交媒体之外，能够辅以线上和线下的营销计划，那么社交网络必将如虎添翼，使企业效益实现最大化。如果发现自己的网站模块并不新颖，内容不够丰富，那么，即便社交网络能很好地把顾客源输送到你的网站上，也不会获得真正的效益。因为，当网站不能说服顾客来购买产品，也不会心甘情愿地订阅最新的消息。在社交网络上和客户沟通，也许会谈得热火朝天，但是不要忘记，他们在决定和你合作之前，通常会查找能够找到的关于企业的资源，并做更详尽的了解。这就是说，搭建好社交网络平台的同时，还应有良好的订阅资源和线上线下活动，当然，拥有自己的网站会更好。

社交网络同时又是市场营销的必需品，因为这是全球范围内最低廉、最便捷、最实效的营销渠道。只要通过上传文字、图片、音频、视频等，就能提升产品的可信度和曝光率。

每一个账号背后都有力量，应该“点赞”

对于网络用户而言，每一个账号都有意义，账号背后的真实用户有可能是个人、团体或者某个企业，只要相互收听、关注，就可以形成自己的朋友圈。即使是一个简单的动作——“点赞”，也可以使大家相互了解，这有利于拓展个人的社交圈，有利于企业发现新商机。

通过“点赞”的行为，可以节省时间和成本，充分利用社交网络的关系链。对于企业而言，也可以使用账号来传播自己的信息。一旦信息被第一个看到的人传播出去，就会有更多的人来关注，并对信息“点赞”或者进行转发或评论，这种力量十分强大。

在这样一个信息时代，网络发展的速度惊人，每一个账号背后都有一种力量。就移动互联网而言，“啪啪”的成长速度就相当快。在“啪啪”创立之初，创始人许朝军摒弃注册自有账号的方法，采取通过现有网络账号登录的方式。在这个产品推出3个月以后，“啪啪”就跻身于最受欢迎的移动应用之一。

用户登录“啪啪”，不仅只是使用那样一个十分简单的用户ID账号。通过“啪啪”，用户可以进入自己的社交关系链以及朋友圈。在以前，想要快速获得用户，鼓励用户之间相互关注或收听，从而形成一个关系网，这并非易事。在这个时期，有一大批SNS倒下去。就算是腾讯网，也认为这是个难题。令人庆幸的是，利用已有的社交网络账号，有一些新兴的应用软件摆脱了这个难题，在已经形成的关系链中快速发展起来。如今，有一些无线应用迅速地崛起，例如“唱吧”、“抬杠”等。

对于已经添加的好友或者已经形成的关系链，在用户之间的再度相互关注、收听具有一定的意义。在关系链中，有自己精心维护多年的MSN好友、QQ好友以及手机通讯录等。无论是在QQ空间还是在微信中，都可以进行“点赞”，“点赞”的行为具有重要的意义。

其实，微信的快速发展和关系链密切相关。比如：有的人开通了微信，就可以邀请手机通讯录中的好友也开通微信，这种传播的力量很大。在微信的使用中，“摇一摇”和“附近的人”这两个功能具有娱乐属性。然而，这两个新功能的出现对微信的快速发展起到一定的作用。在微信的朋友圈中可以发布自己的信息，也可以对微信好友发布的信息进行“点赞”。

好友之间的再度添加、结网可以使人们拉入其他维度的好友。如今，人们可以利用现有的社交网络、关系链网站的账号绑定以及登录功能，快速地添加好友。这样，就可以减少新产品获得新用户的时间。

如今，微信的关系链并非主要来源于QQ好友本身，通过手机通讯录也可以使熟人之间结网。微信的关系链依赖于过去关系链的迁移，比如：在以前，QQ好友进入腾讯微博，人们就会在微博上相互收听。其实，微信关系链的形成也是如此。

在上线之初，新浪微博就是利用MSN的关系链，通过MSN这个渠道，迅速获得大部分MSN的忠实用户。如今，“唱吧”以及“抬扛”等应用都采取社交网络的账号登录系统。随着社交网络的发展，有很多新的平台在崛起。

一些企业以及创业团队在社交网络的大型平台中聚拢自己想要的用户，这也使社交网络为人们提供便利。要知道，将已有的好友和用户进行转化，这并不困难。然而，倘若想要使微博以及微信自媒体公众账号在弱关系、陌生人群中获得拥趸，则十分困难。在这种情况之下，企业官方账号能够采用“将现有用户转化”的措施。

有些平台运营部门会遇到这样的问题：有的网站想要接洽腾讯微博，想官方推荐自己的微博账号。在微博刚刚发展起来时，运营部门习惯于向用户推荐一些名人以及企业账号。从某种角度来说，增加听众的最佳途径就是来自官方的推荐。但是，随着时间的改变，运营部门就会发现，在推荐的听众和账号之间存在割裂现象。也就是说，账号发布的内容、定位和用户的真正需求不太相符。这样，用户和被推荐账号之间的关系就会受到影响。因此，有些运营部门减少推荐，把方向放在引导企业和运营部门真实的用户结网上面。

在中国的市场上，QQ空间、开心网以及人人网的发展使社交网络经历第一个高峰。虽然还没有达到全民关注的程度，但是，这些平台的发展也为网络的发展奠定了基础。微博的出现加速了网络发展，也催生了“全民皆用”微信。起初发展起来的平台为后来发展的平台提供便利。进入微博账号所收获的红利呈现在业界面前时，听众和粉丝的数量成为一些企业以及创业团队追逐的目标。这是一些企业对于效果不显著感到困惑的原因。当运营部门花费在和自己真实用户群结成网络的时间很长时，能够显露出的效果会更加明显。

在面对社交网络时，企业以及创业者首先采取的方法就是调动自己现有的资源和用户，再度在QQ空间、微信以及微博上结网。对于成熟的企业而言，可以出现在之前用好社交网络的名单上面，这在听众数量、用户点击回流以及活动效果上面都有所体现。对于新的创业团队而言，应该借鉴早期社交网络的经验，逐渐发展起来。

从某个角度来说，社交网络最初是企业和人们现有能力与资源在网络中的兑现。上一拨红利的获得者可以给人们一个榜样，吸引更多的人和企业到其中寻找商业机会。比如：微信公众账号、微博草根大号，前者是现实用户的迁移，后者则是用户在微博中内容需求的一种体现。

倘若能够缩短发展的过程，并且获得更大的人群回应和聚拢，就能够满足企业和创业团队的需求。通过QQ空间、微博以及微信，可以吸引大量用户，这样企业就可以及时发现用户的真正需求。

倘若没有微博内容账号以及用户的公众账号，那么就要依靠内容专业度。倘若想要用户订阅关注，那么就要有所贡献。对于用户而言，收听一个非自己好友的首要动机就是这对自己“有帮助”或者“未来有帮助”。无论是这个平台的内容有趣，还是里面涉及到一些专业内容，都会吸引用户。用户的另外一个动机是出于兴趣爱好，每个人都有自己的性格特征，有自己的兴趣爱好。用户会根据个人的兴趣爱好寻找志同道合的其他用户。同城概念、搜索功能在这点上充分发挥着作用。

大号崛起，聚拢更多新用户

社交网络发展迅速，我们每个人都应该加深对网络的了解和认知。在社交网络之中，特别是在微博之中，有一些账号有着众多听众、粉丝，还有一些常常发布特定内容的营销账号，这被称之为“大V现象”。作为网络用户，不可以忽略这种现象，应该对此多加关注。

在社交网络中，“大号”的崛起至关重要，有利于聚拢更多的新用户。微信公众账号以及微博中的草根账号聚拢大量的听众、粉丝都属于弱关系结网。弱关系是指用户对某一个陌生用户或者账号，凭着自己的兴趣爱好而关注、收听对方。对于同行业里面的其他企业的发展，加以观察和研究，借鉴别人的经验，然后进入这个行业就会容易一些。

“大V”们发布信息，激发人们的互动行为。从整体角度来看，那些“大V”们给微博提供了相当大的互动比例，通过这些“大V”们，可以使信息流向更多的人群。在微信崛起时，那些“大V”们也开始使用微信，想要占领这个领域。

一般来说，“大V”可以分为两种。一种是明星和名人，另一种是草根大号。对于明星、名人而言，其微博上的听众群或者粉丝群，大多数来源于自身知名度在现实生活中所吸引的人群。当然，平台运营方会把这些名人推荐给广大的用户。倘若一个明星懂得如何与自己的听众群、粉丝群进行互动，那么他就会在这个社会上立足，游刃有余。对于那些草根大号，很少有平台方会青睐他们，获利冲动以及市场自然反应导致了这种局面。

事实上，随着互联网的发展，催生了很多“段子党”账号。每个时事热点新闻出现以后，那些账号都会根据原来的内容进行再创造，编出一些好玩的内容，而且很多内容具有一定的现实讽刺意义。在现实社会当中，随时都可能出现值得抨击和吐槽的新闻，正是这样的新闻为这样的账号提供了肥沃的土壤。

在推动信息流动的因素当中，个人的情感和情绪起到很关键的作用，那些具有现实讽刺或调侃意义的文章，能引起广大网友的共鸣，这就推动着网络用户自动评论、转发并收听账号。除此以外，有的文章是轻松、娱乐型的，人们似乎更愿意将其当作娱乐新闻来看待，阅读以后能获得休闲放松。这样，也促使了冷笑话、语录党、情感屋、心灵鸡汤这样的账号得以迅速发展，并最终获得大众的认可。

由语录党、冷笑话，到如今的段子手、女性导购账号等，最初，内容大号主要依赖于用户自发的娱乐需求，从而逐渐壮大起来。后来，才转向专业的内容编辑。有些人也许听说过“淘女郎”或”美丽达人”，这是近来流行的词汇。其实，“淘女郎”是淘宝网的一次活动，这个词主要是指淘宝上的女性。然而，这些女性在微博以及社区中和大家分享自己的购物的经验以及装扮的心得，从而引导其他女性也在淘宝上购物。如今，在一些导购网站，“淘女郎”和“美丽达人”已经成为专业人员，是为广大消费者提供内容的核心人群。另外，“淘女郎”已经逐渐成为网络上导购的专有名词。

尽管这些账号是草根，由于时间和人力的投入，也可以吸引听众、粉丝。无论是在微博还是在微信中，这种“大号”都是主流。可以这样说，这些“大号”更加亲民，这是真正自媒体的主流。要知道，并非只有宏大的主题以及长篇大论才可以称得上为自媒体。

垂直专业账号在聚拢某种同兴趣的人群上具有一定的作用，账号内容应该“专业”，在社交网络当中，弱关系的结网应该满足人们的某种需求。平台上面专业的内容是赢得关注、收听的关键所在。

内容账号的存在推动信息流动，这是企业中良好的辅助工具。在社交网络当中，每一个账号都可以作为一个节点。企业对微博、微信的认识和公众不一样，企业更愿意关注实际的用户、流量和收入转化。因此，企业对于时间和人力的投入会十分谨慎。内容账号的出现，给企业提供快速筛选用户群并与其进行接触的渠道。这样，就可以弥补网络在刚崛起时商业化不足的格局和管道匮乏等问题。

企业可以从“大号”上面找到聚拢听众、粉丝的方法。首先要明确企业的定位，并且坚持发布专业内容。要注意，上一次发布内容和这次发布内容应该有适当的时间间隔。在发布内容的同时，应该适当地与用户进行互动，为用户解答一些疑难问题。

如今，有一些企业账号在采取定时发布消息时，会发布一些与自己定位、业务无关的内容，这对企业的运营会产生不利的影响。要知道，用户选择收听某个官方账号的目的并不在于看冷笑话或者名人语录。用户的目的在于获取这个行业以及产品的最新信息，因为，在将来的某一天也许能够用得到这些信息，通过这些信息解决自己的问题。

当一个企业聚拢数量级的听众以后，即将面临的是那些收听、关注自己的人逐渐消失，这是社交网络发展必然经历的时期，一旦用户取消收听、关注，会对企业带来一定的影响。

倘若账号太大，那么所发的内容就不能满足所有人的要求。作为企业，为了迎合某一个群体，那么就无法同时迎合另外一个群体，正所谓“众口难调”，说的就是这个道理。所以，这也是账号太大的弊端。

获利冲动导致部分内容的专业度降低。用户接收信息时，有自己评判的标准和独特的感受。倘若信息无法满足用户的需求，那么用户就不会再选择接收信息。要知道，长期维系某一个专业账号，会使运营者的压力持续存在，这样完全不亚于经营某个专业的小媒体。

一旦太多重复的信息出现在用户面前，信息过载。那么用户很快就会取消收听或关注。在微信中，公众账号的信息过载压力屡屡被人们提到。因此，对于经营公众账号的用户，无论如何都会经历这样的过程，克服困难，才能获得跃升。

细微分享使庞大收益汇聚

继微博之后的微信，如今也被很多人所应用，而微博也在逐渐地显示着力量。微博、微信的发展主要依赖于用户自然分享，每一个用户细微的分享行为，都是改变企业在社交网络中的一种力量。随着时间的改变，这种“分享”的力量还会出现一定程度的变化。

在电商行业，曾经有人做过问卷调查，主题是分析朋友之间的分享互动对购物决策的影响。统计结果显示，像衣服、鞋帽、围巾这样常用商品，比例高达71%。女性每当阅读到朋友分享的信息，绝大部分人都会认真阅读，并分析是否值得购买。很多人在购买前，都会看网友们关于产品或服务的相关评论。倘若有适合的地方帮助她们去决策，或者是朋友能够帮助她们决策，那么，比例高达88%的人都可能会做出购买决定。

由此可见，简单的一个“点赞”行为，就可以把信息传递下去，从而使应用平台被更多人所关注。例如：在QQ空间里，QQ好友会对自己所发表的内容进行“点赞”，用户的行为又会被其他QQ好友看到，并将信息传递出去。在社交网络中，用户之间的分享行为能够给企业创造价值。尤其是决策前喜欢别人提供帮助的女性，这样的分享会有更大的影响力。

用户的独立分享次数可以带来十分可观的回流。倘若分享的用户人数很多，那么回流次数就会很高。不同类型的网站，有不同倍数的体现。根据目前所测算的数据，就科技类网站而言，平均每一个被用户分享到微博的链接都可以吸引2～3倍的用户回流访问原网站。其中，访问量最高的是视频网站，可以达到30倍左右，其他网站的访问数据则高低不等。

其实，产生流量的链接来源于更长的时间段。相关数据表明，用户每天创建分享的链接数少于被点击而产生流量的链接数量。因此，过去数天乃至更长的一段时间内被用户分享、发布的微博，仍然在产生长尾效应。

分享行为使网站呈现出特点。大多数用户熟悉并且习惯于分享到社交网络，随着时间的改变会逐渐加强。起步阶段的时间由于网站不同而有所不同，这是用户好奇心和分享信息内容的优劣共同引发的结果。在初期，主动分享的用户数量以及企业所覆盖的用户基数的大小，直接决定着起步发展的曲线高度。

那些现有成熟的网站和应用，用户的分享数据容易走高。这些网站和应用能够充分利用已有的用户和渠道，从而尽快缩短在初期的高度以及在低点徘徊的时间，达到快速增长期。

对信息的文案质量进行优化。分享量的上升并不一定会带来十分可观的流量效果。在社交网络之中，可以看到“单独的标题”+“链接”的类似于机器语言分享信息格式量最大，这样难以吸引用户。@自己的官方账号、添加话题，在分享的信息中，有用户绑定腾讯微博，那么就会使回答者的腾讯微博账号@上。

对于分享信息的文案而言，@自己相关账号或者相关者的账号，增加提及被收听关注的机会，这样有利于聚拢更多目标用户。倘若附带图片，则可以加大被用户关注的和引发互动的概率。那些恰当、有趣的摘要也可以吸引听众点击并进行讨论。

鼓励用户进行账号绑定，把信息带到更多的关系链中，这是十分重要的推动力。对比不同网站和竞争对手的数据以后，可以发现单个分享会导致互动上的差异。那些互动性好的网站，在推动用户账号绑定上做得很好。这主要是利用了关系链背后的价值。

在企业之间相互达成的紧密合作以及产品融合，促使信息在不同的产品中跨界流动。例如：QQ、QQ空间、微博、微信、搜索引擎、阅读软件以及外部网站的签名档中，都带来潜在的流量，并且十分可观。绑定账号有利于信息快速流动、分享。

推动用户主动分享的行为。倘若用户分享到不同社交网络的信息较多，那么由此引起的用户回访流量就会很大。如今，QQ空间以及腾讯微博的“一键分享”按钮已经在数百万个网站上部署。微信也开始加入到这里面来。Bshare、Jiathis以及百度分享等都推出相应的服务，把所有社交网络的分享按钮组合起来，鼓励并协助各个网站把内容分享到不同的社交网络之中。

对于应用和网站而言，倘若选取采用社交网络自身的按钮组件，那么当用户分享网页时，信息的下方就会显示出来自网站的具体名称。然而，一家家单独部署会耗费合作网站的时间。Bshare、Jiathis以及百度分享等把所有分享按钮做好整合，这就给网站方提供便利。来源将会显示出来自Bshare、Jiathis以及百度分享等。

推动分享主要有两个作用：一是鼓励用户把内容一键分享到更多社交网络。二是把更多的信息、动作同步起来，并进行分享。这也是相互协作进行资源整合的方式。

用户的分享行为，主要是指用户使用网站上的一键分享按钮。值得注意的是，在网站上面，用户触发分享按钮的行为十分普遍。然而，有一部分比例最终会取消。信息的质量会影响到用户分享的动机和比例，因为用户是在好奇心的驱使之下去触发分享按钮。大多数用户都想点开分享按钮，确定一下这个按钮是做什么用的。除非感到满意和开心，认为自己有必要去炫耀一下，否则，人们不愿意去“秀一秀”自己所购买的商品。对于朋友的分享，有人看到以后会参考。越是贵重的商品，人们参考的比例越高。

在社交网络中，用户间细微的分享行为可以汇聚庞大的收益。当看到某个企业发出某条促销的信息时，用户就会十分好奇，然后对消息“点赞”，或者将消息转发给别人。当促销的信息扩散开时，那些对商品感兴趣的顾客就会产生购买欲望，从而进行购买。这样，企业不用在宣传上投资，就可以实现宣传商品的目的，这无疑是获得红利的有效途径。因此，目前有许多企业都会选择这种方式，通过客户间的分享行为，在无形之中创造利润。

“点赞”行为产生一定的效益

即使是一键分享这样细微的动作，也可以迅速呈现出改变网站和应用流量来源的庞大力量。很多网站、应用所部署的分享按钮以及账号绑定等于是和社交网络之间建立许多连接的小管道。在社交网络上“点赞”的行为可传播信息，产生一定的效益。

从表面上来看，用户分享，进行“点赞”的这些细节十分简单。这种分享所能带来的回流能力可以持续不断提升。其实，这种分享的能力和平台本身、资源支持、战略合作以及企业间关系的好坏都无关，关键在于网站自己。

曾经，很多网站有一个BD部门，即商务拓展部门。在这个部门中，有一些人的职责就是不断地和其他相类似的活跃网站相互交换网站友情链接。这样，友情链接每天都会带来大量新增用户和流量。另外，还会使网站增加在搜索引擎中的权重，增强从搜索引擎获得更多流量的能力。特别是很多新建立的网站，十分重视BD部门的友情链接交换。如今，这个重心已经被迁移到社交网络之中。

通过分享的渠道，网站和应用使自己像碎片一样附着在每一条分享的消息之中。用户和流量迅速地从社交网络之中点击回流，这和之前BD部门进行的交换友情链接相似。大量应用在社交网络上，特别是微博。倘若不断地聚拢、重组基于链接的信息，尤其是网络资讯，那么覆盖范围以及被阅读的人群就可以得到释放。这样，就可以从中获得更大的收益。

在社交网站中，信息逐渐地进化着。当那些被分享的信息不断被优化，并以丰富多彩的形式呈现出来时，消息就成为应用本身。此时，这些被用户分享的信息，便成为了有价值的入口，用户可以体验初级到整体的服务。

业界把目光投放在用户在网站以及应用中所产生的其他必需的动作上面，把这些动作和分享结合起来。从专业的角度来讲，可以把这种做法称之为“动作Feeds化”，简而言之，就是将那些在网站上产生的评论、喜欢、顶、赞、收藏、阅读以及上传等主流动作变为“赞并分享”、“喜欢并分享”、“顶并分享”、“评论并分享”、“阅读并分享”、“上传并分享”。这样做所产生的效果会十分惊人。

通过截图的方式，可以鼓励用户把“投票”以及“评论”的动作与分享结合起来。对于“动作Feeds化”，腾讯微博的合作伙伴把评论同步、喜欢、顶、赞、发帖、收藏同步等量最大的基础动作转化成类似分享的消息，这样也可以产生巨大的回流价值。

当下，很多人喜欢网购。人们会在“淘宝网”、“京东商城”等诸多网站上选购商品，有些网站的商品下方就会有评论，这些评论来源于购买过这种商品的用户。看起来微不足道的评论，可以给网站带来收益。因为，这种评论具有一定的宣传、推广、传播的作用。看过商品下方的评论以后，在好奇心的驱使之下，很多人会选择购买这种商品，甚至还会把这种商品推荐给好朋友。可见，即使是在网络上简单的评论行为也会带来红利。把“顶”、“赞”以及分享等互动行为结合起来，这样就可以聚拢更多的收益。

对于社交网络用户而言，在购物网站上对商品“点赞”，可以将信息分享，使别人对这个商品有一个初步的印象，从而决定是否要进行购买。对于那些还没有购买商品的用户而言，别人的意见会影响到他们，倘若商品被别人“点赞”，那么用户决定购买的几率就会比较高。所以说，一个看似简单的“点赞”行为，就可以使企业获得红利。

在QQ空间上对别人发出的信息“点赞”，或者对信息进行转发或评论，这样可以使信息扩散出去。当更多人关注一条信息时，就会使企业产生红利。有时候，不仅仅会对网络平台产生红利，还会在无形之中为某些企业的商品进行宣传，从而为企业创造价值。

如今，很多人都使用微信。有些人喜欢在微信朋友圈中发布信息，主要是宣传某种商品。像这样，通过微信朋友圈进行宣传，信息会被好友转发，还可能被好友的好友转发，这样，就可以有效地使信息流动起来。通过“点赞”使信息流动起来，可以起到宣传、推广的作用，使企业产生红利。企业在社交网络上进行宣传，既不用花费金钱去做广告，又可以获得良好的效果。因此，大多数企业都选择在社交网络上宣传产品。

当然，并非所有企业都可以通过社交网络来进行宣传。但是，对于大多数企业而言，这是一种十分有效的营销策略。对于社交网络用户来说，适时“点赞”至关重要。在合适的时机对某些有价值的信息进行“点赞”，这样才可以为企业创造利润。

合理运用“点赞”的策略，可以为企业带来红利。作为企业，应该掌握有效的营销策略。随着时代的发展，企业要与时俱进，不断创新，挖掘出新颖的营销策略，并积极实践。在实践中不断改进，这样才可以使企业逐渐壮大起来。

“水军”及其负面作用

社交网络以惊人的速度崛起，有一些企业急功近利，购买虚假账号、利用水军转发自己的某些内容。这些企业认为，利用水军可以壮大门面，轻而易举地对一件事情进行炒作。然而，这样做往往会事与愿违，除了在数字上带给老板惊喜以外，根本不能解决任何问题。

在微博出现以前，一些企业通过网络媒体的精英推荐体系，使编辑根据自己对某个事件的判断和理解来推荐或者取消某个新闻报道，甚至将新闻链接删除。在以话题聚焦设版的BBS之中，水军的操作可以迅速拉起某一个单一事件的火热程度。有很多被炒红的网络红人，在迅速爆红之后，又很快归于沉寂。然而，在社交网络中，不宜采用“水军”的方式。

曾经，有一家知名的互联网公司，由于员工在对一位认证用户的服务不到位，令那位用户感到不开心，那位用户不久就在微博上发表了质疑那家互联网公司的内容。这位用户认为，那家公司实在太烂了。该公司看到信息后，迅速作出回应，寻找“水军”与这位用户对抗，甚至在网上对骂。其实，该公司试图用水军的力量让用户屈服，但是这位用户不仅没有屈服，而且发现了很多说他的人都不在线（大多水军都这样）。

通过一番激烈的争论，这位用户不但没有删除他发的微博，甚至被围观的网友转发了数千条。后来，公司意识到事态难以控制，于是花钱请公关公司才将事情平息。

有些网络运营商之所以采用水军来推波助澜，是因为他们依然认为微博就是媒体，认为通过“水军”的方式可以被影响，从而采取这样的方式。事实上，关系链在微博中发挥着很大的作用。在每一条微博背后，都是真实的关系链、真实的圈子和个体。网络信息在关系链上顺势而下，发布者依附在信息上的情绪、专业判断，都可以得以扩散。这样，可以映射出受众的真实感受以及个人见解。一些信息会伴随着情绪化以及自我清理机制在自我运行。

在2013年新版本的腾讯微博中，有两方面的内容被放大。一方面是“好友在说”，即好友正在说的事情。另外一方面是“最新热点”，即人们在此时所讨论的热点。对于内容账号的生存空间而言，主要在于后方的运营人员通过专业内容吸引那些有需求的顾客，从而结成弱关系网络。

就“好友在说”而言，由于在现实生活中原本就相互熟悉，因此可以称之为“强关系”。要知道，“强关系”是社交网络的基础。就“最新热点”而言，由于兴趣而结成新的圈子，可以用“弱关系”来形容。这种“弱关系”给出巨大的成长空间。如今的“水军”并没有好友相互认识、信赖的过程，“水军”只是为数字的单纯增加而服务。

对于行业主流而言，应该对过去的公关传播方式加以思考。特别是使用“水军”推广信息的方法。纵然“水军”在论坛中盛行，发挥强大的推动力，但在微博中也是徒劳无功的。一个虚假的用户，倘若没有任何的关系链，信息就无法流动到真实用户的面前。采用“水军”的方法，只会激怒这个用户以及更多的用户。

在微信和QQ空间中，用户通常会在小圈子中发布自己对于某个事件的不满和投诉，这难以流动开。对于企业而言，有危机，但是危机不会扩散开，这是一件好事。由于流动性，微博使身处在不同环节中的人，把各自了解到的碎片信息汇聚起来，进行组合，这就会使事件演变成危机。在微博当中，人们容易相信自己关系链传导来的信息，从而发表评论，并且任何观点都不会轻易改变。有一些急于求成的企业利用“水军”的方式，殊不知，这样反而会激怒已拥有的真实用户。

在虚荣心的驱使之下，有一些企业借助“水军”发布、转发一些虚假信息，试图制造一些假象。然而，虚荣经不住仔细推敲。要么就是一味地转发千篇一律的内容；要么就是有庞大的听众群，转发、互动却很少；要么就是通过这些账号发布与自己相关的内容链接，以便于拉动流量和销售。然而，相关数据显示，利用“水军”难以起到很好的作用。因为，在现实中的真实用户很少会为这些虚假的账号和虚假的评论而点击或者进行购买。

随着时间的推移，“水军”的使用更加敏感。一些明智的用户，会判断对方是否使用了“水军”，从而决定是否要转发信息或者进行购买。信息具有生命力和流动性。就算让信息的始发用户删除发出的信息，此时，这个信息也很可能被别的用户保存，或者被其他的用户再发布，从而激发出更大的转发波澜。对于一些知名企业或知名品牌，信息的传递都具有这种特点。大型企业和品牌能够享受社交红利的同时，也要支付一定的时间和费用。

面对此起彼伏的各种危机事件，有一些企业或者名人会不知所措，他们不是选择沉默就是对战，这都会引发出更大的危机事件。然而，有的企业以及名人，懂得如何处理社交网络开展公关，妥善处理当前的危机事件，在社交网络上游刃有余。

别和对方转发争论。面对别人发出的错误信息，倘若用转发的方式进行回应，会受到数字的限制，那么就会使自己的信息被新转发的用户删除。在微博上处理危机时，主动发出新消息进行回应。这样，在后续不断转发的过程中，就可以避免把对方错误的信息传递出去。另外，这样做还可以避免和对方在微博上发生争论。

使信息公开透明。面对微博上的危机，可以迅速公开回应质疑的那些原始资料。采取直接回答疑问的方式，向公众公开获得这些资料的方式和渠道，以便于公众进行查证。只有将信息公开，才能阻止出现各种谣言的现象，同时，还可以避免错误信息的再度发生和传播。在日常运营中，采取这种方法，可以在社交网络中建立信任感，降低和用户进行沟通的成本。

积累别人对自己的信任。在社交网络中，要积极帮助别人，这样可以积累信任，从而获得更多的听众和朋友。企业应该做好客户服务的工作，主动帮助关系链中的普通用户。这样，在自己遇到危机时，其中的人就会帮助你。

微信服务号的价值

正所谓“顾客就是上帝”，企业的生存和发展都离不开顾客。对于企业而言，只有不断地了解顾客的真正需求，并努力满足顾客的需求，让顾客感到满意，才能留住顾客，并吸引其他顾客加入。最终，企业将会赢得越来越多的顾客。如今，微信被广泛应用于生活当中。其实，企业可以通过微信来增加收入，其中微信服务号具有巨大的价值。

通过微信服务号增加企业收入。通过广告媒体、企业宣传品以及别人介绍等渠道，客户成为企业微信号的粉丝，这样可以获得企业的信息。通过这些信息，客户对企业产品或服务会产生一种抽象的心理预期。倘若企业微信服务号所提供的产品或者服务，可以达到或超过顾客的期望值，那么客户就会感到满意。倘若企业微信服务号所提供的服务，能持续不断地令客户满意，那么就可以建立客户忠诚度。要知道，忠诚的客户会重复购买，甚至会购买与企业相关的产品或者服务，这样就可以使企业的收入增加。

快速收集客户反馈的信息。通过微信公众平台设置或者人工回复，用户就能够实现即时留言互动。收集客户第一时间反馈的信息，有利于企业采取应对措施，从而及时做好服务工作。

口碑效应和形象效应。企业微信号所提供的服务无形，对于服务本身而言，并不能进行展览或传播。其实，服务质量只是人们的一种主观感受。客户的口碑宣传，形成企业服务形象。而通过企业微信服务号，可以进行口碑传播。其实，那些对服务感到满意的客户，就是企业的免费广告资源。这些感到满意的客户，能够把自己的消费感受通过口碑进行宣传，传播到其他客户那里。要知道，这比花费金钱做广告宣传更有效。通过口碑宣传，能迅速提升企业的知名度，提升企业的形象。

使用客户关系管理功能。微信是十分精准的品牌营销工具，通过后台的互动解答客户的疑难问题，企业就可以获取更高的转化率，从而促成交易。通过服务号的CRM功能，即客户关系管理功能，时刻关注着客户对产品的满意度以及客户的需求变化。征询客户的意见，把客户的言行举止都反馈到企业客户管理中。倘若企业对市场信息反馈迅速，那么就可以有效地解决客户的问题。倘若企业能够把客户服务到满意，那么就可以挖掘出客户的潜在需求，从而开发出客户愿意接受的新产品或者新的服务项目。

保证企业和客户双赢的基础。如今，在激烈的市场竞争之中，以服务为导向和特征的差异化战略，已经得到很多现代企业的重视和应用。通过建立服务导向系统、内部营销体系、杰出的服务组织以及服务利润链，企业微信服务号使优质的服务贯穿于营销过程。这样，既可以提高客户自身的满意度和客户对企业的认知度，又可以驱动客户对企业的忠诚度。只有使企业和客户的经营合作成为一种惯例，才可以使企业和客户双方都获利。

增强企业的核心竞争力。市场竞争的关键在于对客户的争夺和占有。倘若一个企业可以比竞争对手先一步，和客户建立良好的双向互动关系，真诚地关怀客户。那么，一旦客户在这个企业获得满足感，客户就会安心地从这个企业购买商品。这样，客户就不会被竞争对手挖走，这个企业在竞争中就会获胜。

利用微信服务号做好客户售后维护的工作。以客户为核心，实现优质的服务承诺，提高客户满意度和忠诚度。把服务当作一种创造价值的商品来进行营销，向客户提供有价值的服务，全面提升服务质量和服务水平。这样，就可以使客户持续接受公司提供的服务以及产品。利用微信服务号，就可以给企业带来业务和利润。实际上，售后维护工作是企业的一个竞争优势，能帮助企业在激烈的竞争之中脱颖而出。总之，倘若企业和客户之间的关系很牢固，那么企业的优势地位就相应的会更稳固。

通过企业微信服务号，建立服务导向系统、内部营销体系、杰出的服务组织以及服务利润链，使优质的服务贯穿于营销过程。这样，能够提高对企业的认知度以及客户满意度，驱动客户忠诚度，使企业与客户的经营合作成为惯例，使双方都获利。

企业微信服务号能扩展服务领域，有效地强化服务质量，这样，可以使企业的品牌深入人心。利用微信服务号个性化的服务，营造独具特色的企业品牌。根据客户的需求变化，合理调整企业的服务。随着微信的发展，微信客服成为一种全新的客户服务方式。微信客服依赖于微信领先的技术，将文字客服、视频客服以及语音客服的功能综合起来。这种服务方式具有一定的优势，受到一致的好评。通过微信服务号给客户提供服务，主要是通过关注客户，然后有针对性地为客户提供服务，满足客户个性化的需求，提高客户的满意度。

企业通过微信服务号的应用，不仅可以有效提高客户的满意度，并且发现客户的真正需求，挖掘潜在的客户。这无疑是一种给企业带来红利的有效的营销方式。

微信服务号的实战应用

微信服务号可以被简单地理解为企业在消费者手里的企业服务中心。微信服务号的核心功能包括“扫一扫”、微信CRM应用、“口口相传”活动、智能客服中心应用等。微信服务号能帮助企业建立与高成本呼叫中心相似的智能客服系统，实现信息的收发处理。

微信支持多位客服排队自动接入的功能，从而缩短客户等待客服回复的时间。在应答客户的过程中，支持对客户分组、对话分组统计的功能，从而实现社会化CRM。在企业应用的这个方面，微信比较适合做客户服务。因为，微信好友大多数是熟人关系，这样就能够一对一地进行对话。基于一对一的对话以及交互菜单，微信能够实现类似短信营业厅的自助服务业务。基于语言对讲的功能，微信能实现类似电话中心的呼叫中心业务。因此，微信在企业应用中的关键，将是承担客户服务的渠道。

企业微信服务号的最大价值就在于为用户提供在线服务。把线下的日常服务“搬到”线上去，就可以节省线下的服务成本，提高服务效率。这样一来，就可以进行在线的活动推广，从而提升用户到店进行购买的几率。

公共客服降低服务成本。公共客服主要是指通过微信的关键字回复功能以及开发模式下的自定义菜单功能，用户能够自助进行商户公共信息的查询。例如：价格、服务项目、近期活动、各个楼层的服务介绍以及日常服务指引等。公共客服能够有效降低客户常规问题咨询所产生的服务成本，从而提高各个场所服务人员的运转效率。

企业能够把客户的服务需求点进行整理，并罗列出来。然后，设定相应的自动回复内容。客户需求点可分为主动和被动两种。主动需求点主要有查询物流、退货、换货以及投诉等。由于是主动，所以根本不用担心骚扰客户，这是给微信客户提供服务的机会。

被动需求点有发货提醒、降价提醒、促销提醒、上新提醒、签收提醒、补货提醒、优惠券到期提醒以及生日提醒等。被动提醒要注意别对客户进行信息轰炸，尽量让客户自己选择。要知道，被动需求是导致客户骚扰的源头。但是，有些营销确实需要使用这种被动需求。作为商家，应该进行衡量，掌握平衡。

活动平台拓展有效用户。这里所讲的活动平台具有两种属性：一种是微信会员的专属活动，还有一种是常规活动时把微信作为活动推广渠道。在初期，微信平台的主要任务是拓展有效关注用户并吸引用户关注官方微信。着重策划微信会员专属活动，给予专门的配套资源。另外，可以和客户进行游戏互动，在营销服务中融入趣味性。例如：刮刮卡、大转盘、问卷查看、拼图、找碴等游戏，都是较好的互动形式。若与积分、赠品以及优惠券结合起来，更能提高客户的积极性。值得注意的是，这种互动游戏很简单，因此很容易被淘汰。

客户可以实现自助服务。和客户的IT系统打通，客户就能绑定会员号，通过微信可以查询会员卡余额、刷卡消费记录、获取优惠券、查询积分等。微信功能上线以后，客户能够自助预定并预购商户服务。通过微信的自定义菜单以及关键字回复，能实现智能交互菜单，这和呼叫中心的IVR机制，即互动式语音应答机制相似。这样，能使微信客户服务实现大比例的自助服务，例如：业务咨询、订单查询、费用查询以及业务受理状态查询等查询类业务。另外，还有各种预约类业务，例如：自助下单、交付和预约资源（包厢、菜品以及座位）等。

在微信的对话机制中能嵌入超链接，使用户进入专门APP页。通过HTML5页面或者别的技术开发页面，能进行企业特定的业务受理。微信客户服务能实现进一步的特定业务，例如：充值、自助缴费、兑换礼品以及购买零配件等业务。

一些基本的受理类业务。在传统客户服务中，服务的主要是企业的存量客户，或者是那些知道企业电话中心号码，直接进行拨打的潜在客户。微信客户服务，主要针对的是那些已经成为企业公众账号好友的消费者。其中，有些是存量客户，还有一些是潜在客户。这些客户都是通过在线下扫描微信二维码或者在微信上搜索添加。对于存量客户而言，微信客户服务能提供基本的受理类业务，例如：客户投诉及建议、企业指定业务受理、预约服务以及产品维修或障碍保修等。

一些增值类业务的实现。微信的语音对讲和电话的同步语音有区别。微信是异步语音，异步语音使客户服务有较好的演变。通过微信，能充分地利用知识库、预录制语音以及业务情景结合交互菜单等来服务。微信客户服务能实现的增值类业务，主要有人工语音的自助服务、拓展的信息服务、城市/企业秘书台以及转语音信箱服务/转电子邮件/OA系统服务等。

市场调研以及关怀。通过微信，能够使企业实现和客户一对一交互。要注意，这个交互是双向、私密的。交互的私密性可以确保信息不被传播，而双向性能够避免单向推送，从而体现出企业和客户的平等对话。这样，微信客户服务能提供消费者市场调研、销售/服务回访、节假日关怀、客户信息验证以及客户满意度调查等。

实现智能的人机对话。在微信中，“扫一扫”功能在客户服务中心能起到至关重要的作用。扫描产品条码或维保证书，就可以实现售后服务的信息验证以及维保索赔等业务。支持NFC技术，就可以实现和智能家电以及物联网等的对接。这样，就能实现智能的人机对话。

企业和客户服务同步。企业服务号能接入CRM管理以及业务信息接入接口，这样就可以向用户提供最准确、最新的业务信息，并且可以有效跟踪用户服务过程。向用户提供个性化且一致的服务，从而提升客户体验。微信能在公众平台中对好友进行分组，基于不同分组进行差异化的主动服务，这样就能实现简单的CRM功能。例如：针对不一样的客户群体的业务提醒、产品服务调查、促销通知、生日关怀以及消费交易后的回访等业务。

实现特色的人工服务。企业服务号能够设定人工语音音色，使用户体验不同的企业文化。倘若可以设定具有特色的语音音色，那么就可以吸引大量用户的注意力，这有助于企业中产品的推广。独具特色的人工服务，有利于企业的发展。

微信服务号提供服务的方式

微信能提供更加便捷的方式，使任何人和任何企业都可以通过微信开展服务。微信平台提供的并非是营销，这个平台提供的是服务。在微信公众平台上，用户可以获取服务和创新体验，享受微信公众平台所带来的乐趣。在双赢的基础之上，微信的潜力可以不断地被挖掘。这样，微信的核心价值将会得以释放。

微信服务号提供一种全新的售后服务模式。进入移动互联网时代，创新对互联网的发展至关重要。如今，客服行业也想在互联网上寻找突破。对于新时代的客服行业而言，微信刚好为其提供这个契机。微信并非是人与人相互交流的平台。微信已经把一些业务流程融合在里面，这为传统的客服行业提供新的通路。通过微信，可以使用语音、文字或者视频来帮助客户解决一些问题。

微信帮助那些传统企业解决一些售后问题。微信给广大的用户带来便捷的服务，使用户获得全新的体验。微信服务号具有更加广阔的空间，微信可以和客户的核心业务相连。微信可以支持销售团队、售后服务团队以及更多的人员。通过微信，可以使企业提高生产效率。

通过微信实现售前服务。就售前服务而言，吉利汽车的服务号是一个很好的例子。倘若你想买一辆令自己感到满意的车，在购买之前就想亲身体验一下。然而，由于各种条件的限制，大多数购买者在4S店试车都只是象征性的而已。那么，为了使客户更加方便地了解到目标车型的性能，2013年4月，吉利汽车尝试着通过微信的方式，根据客户的时间需求，推出进行上门试车的服务活动。如今，这已经成为汽车企业营销服务的一个亮点。

实际上，汽车营销并不仅仅在于降价或者送礼，还在于如何使客户更加便利地来了解产品。吉利汽车利用微信平台来达到这个目标，通过这个平台做好和消费者的互动营销。

就微信自助服务而言，东航微信自助服务是一个很好的例子。通过微信平台，方便旅客出行。在东航的95530自助微信服务上线以后，通过查找微信公众账号搜索“东航95530”，旅客就可以将其添加为好友。如今，东航微信自助服务主要有三个功能，即航班动态查询、机票验真以及城市天气查询。只要发送“？”就可以获取服务主菜单，然后根据系统指示进行操作。微信把销售和服务结合起来，每天都会向用户点对点地推送产品的促销信息以及飞机场的天气情况等，方便旅客的同时，也宣传了自己的形象和服务。

东航微信自助服务还增加了微信值机功能。旅客通过微信添加公众账号“中国东方航空”，然后根据相关提示进行操作。这样，旅客就可以轻松地办理值机手续，不用去机场的柜台排长队等候。

对智能微信服务平台而言，“百世汇通”是一个很好的例子，它是快递行业首个智能微信服务平台。百世汇通微信服务平台，利用先进的技术给客户提供全新的体验。通过百世汇通官方微信查询运单，只要上传运单的条形码照片就能轻松地查询运单的信息。这样，就可以轻松使客户避免很多麻烦。在智能微信发展过程中，百世汇通着重考虑服务的完善和产品的升级，今后还将开发新功能。通过百世汇通智能微信服务平台，客户能获得更加便捷、高效、优质的服务。

对“自定义接口”个性化服务而言，微信公众平台的自定义接口能接入公司的CRM系统。那些已经入驻微信公众账号的公司，可以通过自定义接口向用户提供个性化服务，例如：提供订餐、订酒店、订电影票等。如今，“订酒店”的微信公众账号已经实现。通过微信把自己的地理位置发送给“订酒店”之后，“订酒店”就会回复信息，告知用户可以预订哪些酒店，并且会向用户提供订房的费用以及电话号码。

微信已经实现纯粹的服务渠道。如今泰康人寿已经推出微信服务平台。这个平台既使客户获得方便，又提升了理赔时效。借助微信平台，他们开辟出了新的理赔服务渠道。泰康人寿已经成为首个微信理赔的寿险公司。通过泰康人寿理赔微信服务平台，用户在家里就可以实现理赔相关信息的查询。在系统的指引之下，用户能够独立完成理赔报案等理赔服务。因此，微信是一个良好的服务渠道。

使微信成为客服渠道。根据2013年4月9日的消息，中国电信推出首个全国微信客服官方平台。据悉，扫描中国电信客服二维码就可以关注中国电信服务。那些绑定中国电信客服平台的用户，不仅能通过中国电信微信客服了解到中国电信热点活动信息、在线帮助以及常见问题解答，还可以通过微信登录中国电信掌上营业厅，进行手机业务办理。

实现更多增值业务。关于增值服务，华夏基金的微信理财服务是一个很好的例子。华夏基金在微信公众平台上推出基金账户查询的微信理财服务，通过微信，投资者能随时随地查询自己的账户信息。搜索“华夏基金”，关注华夏基金微信公众号，投资者提交自己的身份证号以及账户查询密码就能够绑定个人的基金账户。然后，投资者就能快捷地查询账户余额、交易确认、收益情况以及分红明细等。

互动问答和全流程微信服务。广东联通官方微信有很多项创新，只要关注公众账号“广东联通”，用户就能享受到便捷的多媒体在线服务。这样，用户就可以在手机上查询业务套餐的使用情况，咨询业务信息，还可以参与优惠活动办理。2013年3月4日，这个公众号亮相以后就吸引各方关注。使用这个公众号的人数迅速增长。

微信与手机号码绑定，能够查询套餐信息。“账单查询”的操作十分简单，用户把自己的手机号码和微信绑定，这样就可以随时在线查询话费余额、上网流量、积分情况以及套餐余量等信息。

“机器人在线咨询”使用起来十分简单、方便，倘若用户在使用业务的过程中遇到疑难问题，那么就可以通过“机器人在线咨询”来解决。另外，机器人智能服务可以为客户提供最新的互联网应用资讯。

在第一时间提供优质的服务，分享最新的活动信息。其实，“最新活动”就是好友们的探测器，为好友提供最新优惠信息。这个公众号会在第一时间将有价值的信息和好友进行分享，针对微信好友展开专属的优惠活动。

微信已经实现视觉搜索服务。“图答应”是指基于微信的视觉搜索服务提供商，给微信公众账号提供相应的图片识别以及搜索服务。“图答应”本身运营着演示账号，通过拍照或者上传本地图片，用户能获取和图片内容有关的反馈。

倘若你在实体店看到某本书，你很想了解这本书的详细信息，那么你就可以把图书封面拍下来，然后发给“图答应”或其合作账号。这样，系统将把评论页面和网购入口集中返回。目前，“图答应”支持对海报、图书等类目的搜索。

实现微信语音服务。2013年8月12日，南方基金推出微信“语音理财”功能。在南方基金微信公众账号之中，使用对讲的功能说出“货币基金”以及“我要理财”等词语。通过针对微信平台研发的自动处理引擎，南方基金就会对语音指令作出回应。

如今，微信已经实现微生活会员服务。2013年7月11日，康佳电视官方微博宣布推出首批线下微生活会员权益，并开启继33周年庆典之后第二波大型互动营销活动，这成为了彩电企业在微信营销上面的突破。微信营销在企业界兴起以后，康佳电视走在彩电行业的前沿。康佳电视不断在微信营销上挖掘出新形式，这给广大的消费者带来了惊喜。

第四章 信息流动，放大了收获的红利

社交网络平台的产生，使信息能在关系链中流动起来，而这样的流动是往往蕴藏这巨大的能量。如某个人发布了信息，会引来广大网友的点击、关注或分享，这种行为是一种即时的、正面的激励，是在像人们提示“我在关注你”、“你在关注我”。个人与个人之见，每次点赞和分享都会建立起信任，并扩大我们的交际圈。对于企业或创业者而言，掌握微信、微博、QQ空间等这类大型网络平台的运营法则，就能从中获得红利。

点赞、评论以及转发所组成的互动激励

在社交网络之中，发布信息者和参与者互动，每个互动都可以带来重要的认同感，从而建立信任。在社交网络中，认同感可以提升陌生人群互动次数，同时，也可以使彼此建立信任。作为社交网络用户，可以通过网络对好友所发布的信息“点赞”，这至关重要。

在网络上曾经有个这样的案例：一位漂亮的农村女孩到城市打工，想要找一处合适的房子，于是在网上发帖，询问网友当地哪里有合适的住房。由于女孩附上了一张很萌很可爱的照片，于是很快引来了广大网友的关注和支援。没过几天，女孩又在论坛发帖说自己找到房子了，非常感谢大家的帮助，又引来网友们的一番讨论。

事情并没有就此完结。过了几天，女孩说由于和房东闹矛盾，房东老太太实在唠叨，于是想征询网友的意见，到底要不要搬离。抛出这个话题后，又很快引起网友们关注，并纷纷发帖表示支持和同情。让人意想不到的是，两天后这个女孩又发帖了。女孩说：“因为出门没关窗户，自己放在窗台的名表被淋湿了，不过还好一点都没有进水。真是谢天谢地！”该条帖子一出来，广大网友就对她的手表展开好奇的讨论。“什么牌子的手表那么好？”“我也想去买一块？”“啊，天呐，这个世界还有那么好的表！”……

其实，这是一个专门策划的隐蔽广告，目的就是宣传手表。由于做了很好的策划，于是让人们在娱乐的互动讨论中免费宣传了这款表。

大多数人都愿意相信那些和自己有着相同经历的人，认为对方的建议

对自己是一种借鉴。因此，在这种情况之下，有些人会进行积极的互动。当一个用户转发自己微博时，会转发别人的微博。当某个人收听、关注自己时，自己也会收听、关注对方，这样就形成互动。

有些平台热衷于人为营造新闻热点事件，其实，这会损害更多人群的互动激励，把发生在普通用户之间的互动拿来补贴名人或新闻当事人。平台需要的并不是汇聚大群人眼光的热门事件，需要的是散步在不同人群中的每一个细微的小热点。

在好友、熟人之间互动的比例很高。一般来说，互动会先在好友和熟人之间发生。接下来，才会在那些官方账号、名人明星、内容账号以及陌生人之间发生互动。其实，互动有一个规律，即用户进行转发或者点击“顶”、“赞”等按钮的数量，要大于书写文字的评论以及转发。然而，仅仅浏览阅读的数量又大于点击“顶”、“赞”的按钮。

互动以及互动所带来的流动性很珍贵。小部分人群的互动可以激发出更大的互动，这是社交网络致力的方向。互动可以增加信任的传递，可以给企业带来红利。对于那些想要运用好社交网络的企业和团队，应该以互动为出发点。

发布信息者，个人的专业、价值以及判断等要素会依附于这条信息上，在关系链中流动。接收或者看到信息的人，会对发出信息者的专业、价值以及判断等做出回应，并把其传递下去。这样，就可以提升互动，把有价值的信息流动带动到更多的人群之中，从而覆盖更大的范围。

在QQ空间里，对别人发出的信息点赞，是一种肯定。有人点赞后，这条信息就会被更多人所关注，有很多人会转发这条信息，或者在信息下面进行评论。通过互动，信息就可以发挥出一定的价值，给更多的人带来帮助。

在微博上，对于那些有意义的信息，可以进行转发，这样信息就会被传播出去，被更多人看到，受到更多关注。当发布的信息被第一个人转发以后，那就意味着还会有更多的人转发这条信息。因此，在微博上，经常可以看到一条信息的转发量极高。

在微信朋友圈中，经常可以看到好友发信息，或者转发别人的信息。当你看到好友发出的信息时，可以进行评论，也可以主动“点赞”。倘若你的确认为信息对你以及别人有意义，能帮助到别人，那么就可以进行转发。倘若好友发出的信息与对方的心情有关，你可以进行评论。对于积极的信息，可以给予鼓励。对于消极的信息，可以主动安慰。

在社交网络上，点赞、评论以及转发行为都可以起到互动的作用，激励别人，给予别人一种肯定。一般来说，那些转发量极高的信息，都对社交网络用户有着一定的作用。互动是积极而即时的正向激励。通过发布信息，人们可以从中获得快乐。通过“点赞”的行为，可以给予好友一种鼓励。通过阅读以及转发信息，可以使人们获得存在感。

由于互惠的原因，在社交网络中，用户可以自然而然地衍生出独特的文化。我们可以通过贴吧为例：比如在一些热门贴吧的帖子中，常常会出现“秒沉”帖子。因为在同一个时间，用户会发布海量帖子。这样，新帖刚一发布就会出现在数页以后，无法出现在最新的页面当中，这会使用户产生挫败感。在这样的情况之下，有些用户会对新帖进行评论，这样就可以使它出现在最新页面。倘若帖子内容丰富多彩，通过更多人的评论，就会被放大直至热门。我们可以称这种现象为“挽尊”，也就是说，用户要尊重每个人以及每个好帖。

在微博当中，有一些草根用户发起“互听大队”话题，通过这个话题，可以为自己寻求更多的好友。要知道，倘若开通微博，却没有互听好友，那样就没有乐趣。通过这种方式，在微博中为自己建立新圈子，并认真经营，与好友保持互动，是一件有意义的事情。

有一些曾被推荐的官方账号以及大号，出现粉丝/听众减少的现象。其实，官方平台推荐账号是获得粉丝/听众的有效途径。在每天的粉丝/听众新增榜单之上，排名前列的差不多都是官方平台所推荐的结果。之后，进行转发以及评论的用户却不多，这主要是因为听众和账号之间存在陌生感。因此，平台建议官方账号的定位在互动、客服上。

对于使用社交网络用户而言，应该在平台上主动进行点赞、评论以及转发，这样可以有效地进行互动，起到激励的作用。无论是在QQ空间上，还是在微信朋友圈以及微博上，都要与好友进行互动。其实，这也是加深彼此感情的一种方式，有着多重重要意义。

信息大量流动使竞争对手消失

通过信息的流动，那些传统意义上的竞争对手都会消失。即使一个企业曾经和对手争个你死我活，无论这个企业是否愿意，将来都要与对方进行融合。通过“点赞”的行为，可以使信息大量流动，使企业保持竞争力。

腾讯科技频道曾经发布一篇讨论海外美剧营销的报道，其中分享了一个例子，提到《美少女的谎言》在Facebook上面开发了一款独家应用“Like to Unlock”，粉丝们使用这款应用，就可以预先观看下一个剧集的片段。

在每周播出最新一集以前，他们会在主页上更新剧照，以此来吸引粉丝进行评论。在Twitter上面，在每周剧集播出时，剧组的演员会在Twitter上直播讨论剧情发展，透露出自己所扮演角色的走向。在2013年《美少女的谎言》回归时，开展截图大讨论活动，创造一定的活跃度。之后，《美少女的谎言》每周剧集都会在Twitter上面进行公布，选出比较有戏剧性的场景进行截图，并且公布出来，以此来吸引粉丝的讨论。

在《美少女的谎言》这个例子中，剧组、演员以及粉丝之间的互动，再加上精选的内容，都使信息得到很好的流通。这个美剧营销案例体现出三个法则，即环境威力法则、附着力法则以及个人人物法则。

当一个事件成为热点时，广大人群的互动会在线上、线下蔓延。在生活中，人们和朋友聚餐时，也会用手机下载朋友向自己推荐的游戏，或者和朋友聊一些热门的话题。环境威力法则是一种结果。

个人人物法则在社交网络中十分突出。只要能抓住关键人物，信息就可以被大范围传播开来。一些企业或微博营销公司，在操作微博营销时，会采取几个步骤。击中用户情感和情绪的内容本身具有传播力和生命力。一般来说，发布者会由名人、明星以及某个有着促发价值的微博账号来充当，例如：高管的账号以及企业官方账号等。那些有很多粉丝、听众的微博账号，在参与讨论或转发时，会起到推波助澜的作用。

一直以来，人们都希望那些需要的信息可以流动开来，流动到更多的人群中。社交网络的崛起，推动着信息的流动。产品和产品之间会相互融合、相互链接。通过分享，可以使信息流动，被传播出去。对于新崛起的网络而言，已有的渠道以及运行方式是最先被利用的资源，协助新平台的发展。新平台会强化原有平台的核心属性。

在竞争对手之间，流动时刻都在发生着。用户自身就起到流动管道作用。用户会把信息进行分享、复制到自己当前所处的产品之中，并且再度展开互动。原本只是一个小贴吧中用于自嘲的称呼——屌丝，通过用户的互动，这个词语进入到微博之中。如今，这个词语已经渗透到媒体以及企业之中，并成为了常见词。

之前在猫扑论坛中的“捶地大笑”表情代码233被广泛用户在微博之中使用。如今，有一些“是中国人就转”的信息在QQ群、微博以及论坛中出现。现在，这样的信息在朋友圈以及微信群中经常出现。

对于这些网站而言，鼓励用户把自己的信息分享到别的社交网络中，这是基础服务之一。从新浪新闻到腾讯微博、从腾讯新闻到新浪微博以及和网易、搜狐新闻客户端之间互动。在各个网站之间，融合以几十万用户的分享动作为基础。

随着互联网的发展，那些曾经竞争激烈的对手也开始融合、合作。我们以四大门户网站为例，腾讯、搜狐、网易以及新浪四大门户网站之间的竞争激烈。这些网站都想和奥运、NBA以及世界杯等事件进行“独家”合作。在博客时代，这些网站推出过相应的服务，以此来和对手进行竞争。在微博出现以后，四大门户网站按照惯性采取相同的动作。虽然没有公开宣布，但是他们都鼓励用户将自己的内容往其他社交网络平台分享，这种信息流动的方向是不定的，在新浪微博、腾讯微博、网易微博、搜狐微博等网络平台相互流动。

2013年4月，四川雅安发生了7级地震，期间各大网络平台就开展了有效的合作，使得竞争对手的概念变得模糊起来。雅安地震发生以后，由于很多人不能用电话联系，信息闭塞，人们只能用微信、微博、QQ空间等社交网络平台发布信息。各家门户网为了信息互联，打通了服务共享数据链，为人们寻人、救援等提供便捷的服务。

实际上，数据信息的相互流动和用户成员相互共享，模糊了同行业竞争的界限，拉近了社交网络平台之间的距离。目前，虽然社交网络这样的合作相对较少，雅安地震只是个例，但是今后有望朝着这个方向发展，相互借鉴、相互分享、相互合作。倘若能有更通畅的分享平台，网络用户就能更便捷地分享信息，相互从便利的沟通中获得红利。

社交网络为跨界流动提供初级工具，例如：各大社交网络建立的开放平台提供分享按钮。如今，类似于“分享”这样的分享组件被数百万无线应用以及网站所使用。通过分享的按钮，用户可以把自己在某个产品以及网站中的信息和评论分享到社交网络。

当流动在更大范围里发生时，获取的红利就更理想。信息会伴随着用户，出现在它所出现的人群、场景以及产品中，这样，就会产生一种由流动所带来的放大效应。其实，网络平台自身享有流动红利。当分发、流动的作用产生以后，就难以轻易停止，业界企业的利用和进入，都可以带来大范围的关注和资源的流入。这样，有助于推动社交网络的发展。其实，微信和微博也同时享受着红利。

随着社会的发展，商业竞争越来越激烈。要想在激烈的竞争之中脱颖而出，立于不败之地，企业就应该讲究一些策略。使信息流动起来，这样可以令竞争对手消失。信息的流动可以为企业带来红利，有效地对产品进行宣传。

信息的流动在无形之中推动着社交网络的发展，有利于人们的人际交往。

对于社交网络用户而言，要积极地进行“点赞”互动行为，可以使信息更加快速地被传播出去，有助于企业的产品进行宣传，使企业获得更多的红利。

通过“点赞”等互动产生放大效应

互动具有推动信息流动的作用。一旦有人创造出信息，就赋予了信息生命力。这种生命力是否强大，关键看信息所蕴含的情感以及情绪带动人们进行转发或评论互动次数。在社交网络上，通过“点赞”等互动行为，使信息覆盖到更多人群面前，产生放大效应。

与分享相同，倘若细微的互动累积起来，便可以产生惊人的效果。用户通过“添加好友”、“收听”等动作为自己构建网上世界，积极参与互动。互动的行为突破无形的界限，使有价值的信息由点及面传播。通过“点赞”等互动，可以放大对社交网络的影响。

很多企业都十分关注互动次数，官方账号发布内容或者策划活动的消息被推出以后，企业会关注有多少人对此进行评论或转发。有时为了推动信息的流动，官方账号会邀请一些大号以及业内的朋友协助转发信息。倘若可以调动普通用户的转发次数，那么效果会更加理想。

腾讯公司和“唱吧”进行合作的相关数据显示，回流访问数据与用户分享消息的数量有直接关系。互动的增加可以提升回流访问数据。获得回流的链接并非完全由当天所分享的消息产生，其中至少有50%来源于以前的历史消息。由此可见，通过互动，可以延伸信息的生命周期，获得长尾效应。

其实，这次合作是“唱吧”举办的线上分享大赛。用户K歌以后，可以把自己的歌曲分享到腾讯微博。在这项合作展开之前，“唱吧”的创始人陈华认为，双方的用户属性十分相近，因此彼此有着良好的合作基础。

就腾讯微博所依附的真实关系链而言，其核心主要是以QQ关系链为基础发展而来，这种真实关系链具有较强的生活属性。在现实生活之中，人们与好友在一起时，通常都会聊一聊八卦，一起吃饭，吃完饭以后K歌。而网络将这些是用户在现实生活中行为的核心迁移罢了。

“唱吧”并没有自己单独的登录体系，完全采用第三方账号登录的方式。QQ互联所公开的数据显示，“唱吧”新增的用户有50%以上来自于QQ登录，这样更方便用户在腾讯系社交网络中将数据进行分享。用户通过好友关系API，在“唱吧”上查找用户腾讯微博上的好友，这增强了用户的黏着度。在这样的认识之下，双方策划了线上的虚拟大赛。

2012年7月底，腾讯公司和“唱吧”达成合作意向，并且开始推动双方的合作。2012年8月初，“唱吧”顺利上线发布产品。要知道，并非所有的试点案例都可以成功。然而，在一些成功的案例和试点中，执行力和迅捷的反应速度是基础保障。关于这点，不仅在“唱吧”这次的活动中可以体现，在别的案例中也有一定的体现。

在产品发布以后，“唱吧”后台中分享数据上升，回流访问数据曲线呈现出上升的趋势。在这次活动的期间，每天的用户回流访问数据大概在77万左右。由此可见，互动具有极强的信息传播作用。

用户的“点赞”行为，可以加强互动，使信息在更大范围内流动起来。对于那些有意义的信息，用户可以进行评论，发表自己的个人看法。对于那些积极的、幽默的信息，用户可以进行转发，和别人分享这条信息，这样可以带给别人帮助，让别人感受到快乐。

通过“点赞”等互动行为，可以有效地延长信息的生命周期，使企业获得更多收益。虽然，点赞、评论以及转发等行为看似简单，但是，通过这些细微的动作，可以放大社交网络的效应。通过互动，可以使有价值的信息被传递出去，并逐渐扩散到更大的范围，被更多用户以及企业所关注。这无疑是一种有效的营销策略，有利于企业的发展。

网络的发展和普及，让人们便捷地在网上聊天，玩网络游戏，网上购物，发送电子邮件。由此可见，网络已经成为人们生活的一部分，大多数人都花费很多时间在网络上。在社交网络上，通过“点赞”等互动可以产生放大效应，使人们的交流更加便捷，使企业获得红利。

对于那些不经常与好友见面的人而言，可以在QQ空间上对好友的信息“点赞”，或者在QQ空间上给好友留言，这样就可以加强与好友之间的互动，与好友保持良好的友谊。对于好友在微信朋友圈上发布的信息，可以进行评论或者“点赞”，这可以表明你在关注好友，也是对好友的一种尊重和肯定。

随着微博的发展，有些人申请腾讯微博，还有些人申请新浪微博。无论大家使用哪一种微博，都应该主动扩大自己的圈子，关注更多的好友。只有这样，才会让自己获得更多好友的关注。在微博上，可以转发那些有价值的信息，与好友加强互动。与此同时，还可以在无形之中为企业进行宣传，给企业带来红利。

如今，在不少购物网站上，都设置了“点赞”的按钮。对于那些购买过商品的顾客，倘若觉得商品质量还不错，那就可以在购物网站上对商品进行“点赞”。对于那些还没有购买这件商品的顾客，别人的“点赞”行为会影响到自己的判断。当然，有些人会对商品进行评论，使评论成为那些潜在用户的参考，这就在无形之中对企业的营销产生了影响。

社交网络为人们提供便利

进入21世纪，互联网迅速崛起。互联网的出现为通讯带来便利，给企业带来红利。社交网络的出现，使人们低头看手机的时间越来越多，却使人们与好友坐在一起面对面聊天的时间越来越少。如今，社交网络人们之间的社交难以离开手机和电脑。社交网络已经不再局限于名人、专家之间的交流，而是已经已完全融入了大众的生活。

社交网络正在改变着人们的生活方式，例如：查找信息、分享信息、相互联系以及相互合作的方式。其实，社交网络正在影响着人们的行为方式，影响着人们的决策和最终行为方式，影响着人们支配时间以及和别人交流联系的方式。

在现实生活中，祝贺送礼是很多人巩固感情的方式。如今，虚拟社交成为人们在现实生活中社交活动的补充，比如好友之间会在网上互相赠送虚拟礼物。另外，人们能通过一些物质来象征自己的身份、地位，从而获得社会的认可。在社交网络中，也可以这样。为了获得更多的利益，顺应用户的网络社交需求，社交网站出售各种各样虚拟的礼物以及虚拟装扮等商品，用户要对商品进行在线支付。

如今，社交平台已经融入支付功能。也就是说，倘若用户想使用社交平台上的应用程序，那么就要通过社交平台进行支付。这样，社交平台以及程序开发商都可以获得红利。社交网络受众广，其口碑效应较强。因此，有很多线下商家通过社交平台推广产品和服务。为了顺应这样的趋势，有些企业把电子商务整合到社交平台之中。倘若在社交平台上进行在线商品购买，那么就可以增强用户的个人体验，并且能减少交易的成本。

社交网络平台与支付平台互联，能够吸引用户，推广服务。通过网络支付平台，用户能直接向在线的好友进行支付，这将会更加便利，改善用户的个人体验。另外，通过社交网络平台的分享，可以为网络支付平台进行免费的推广。与社交网络平台互联，是网络支付平台争取客户的一种方式。

网络支付平台与社交网络平台互联，能产生很多共享的数据。网络支付平台可以引入社交功能，而社交平台可以引入支付功能。这样，就能带来很多用户的数据，例如：用户消费数据、地理位置数据以及社交圈数据等。通过这些数据，社交网络平台与网络支付平台都能完善用户信息资料。这样，就可以进行更加有针对性的营销。

在社交网络上，想要给对方留下某种特殊印象，这是影响谈话的重要因素。在现实生活当中，人们常常为了避免冷场而进行交谈，谈论眼前的事物，双方的交谈会受到当时的环境影响。然而，在社交网络上进行交流，就不用为了避免冷场而没话找话说。在社交网络上，人们可以进行仔细的思考，想一想可以令对方感兴趣的话题。

在社交网络上和别人进行交谈，也可以拉近彼此的距离。一般来说，人们在社交网络上和好友进行交谈时，都会斟酌自己的语言，这样有利于维护自己的形象。人们会在社交网络上谈论个人经历、社会上的焦点事件等，发表一些信息。当好友看到比较有意义的信息时，就会主动“点赞”。“点赞”行为操作起来简单，然而，这种行为却具有强大的力量，可以使信息被传播出去。倘若好友把自己发表的信息转发出去，那么信息就会被好友的好友所关注。

值得注意的是，无论是在微博、微信还是QQ空间上，只有发表的信息有趣、有意义，才会被别人“点赞”，才会被转发或者评论。当然，在比较熟悉的好友之间，可以对好友发表的心情进行评论。

如今，人们会在社交网络平台上发表各种各样的内容。有些人会针对自己当天的心情，在平台发表自己想要表达的意思；有些人会针对某个焦点事件，发表自己的个人观点；有些人会对自己比较认可的信息“点赞”，并且进行转发。对于QQ空间、微信以及微博而言，信息的“点赞”、“转发”以及“评论”等互动行为可以使信息流动起来。

对于企业而言，社交网络的发展带动企业通过网络进行营销，一个全新的营销时代开启。企业通过社交网络来进行营销十分便捷，既可以节省宣传的花费，又可以快速地吸引目标客户群购买商品。对于社交网络平台以及企业而言，双方都可以获利。

随着时代的发展，人们生活的节奏越来越快。对于年轻人而言，工作带给自己的压力很大。因此，很多人忙于工作，没有多余的时间与好友见面，即使是喝杯咖啡的时间都没有。社交网络的发展为年轻人之间的交流提供便利，在下班之后，只要登录社交网络平台，就可以与好友进行互动。当心情不好或者有心事时，即使不与好友见面，也可以在腾讯QQ上或者其他社交工具上和好友进行交流。

在QQ空间以及微信朋友圈中发表信息，可以被好友关注。倘若好友对信息感兴趣，那么就会在信息下面“点赞”。对于社交网络用户而言，通过“点赞”的行为，可以表达自己对好友的认可和关心。转发以及评论等互动行为也可以表达自己对好友的关注，增强彼此间的友谊。如今，社交网络已经发展成人们生活的重要部分。

活动运营的相关法则

有一些企业会在QQ空间、微博以及微信上展开活动，这样，就可以推动信息流动扩散，有效地吸引用户的注意力。对于企业而言，那些现实可行的活动值得借鉴。企业要想通过活动获得红利，有效推广自己的产品，那么就要注重活动运营的相关法则。

企业适时举办活动，可以有效地推广商品，从而获得红利。值得注意的是，企业应该注意活动运营的相关法则，这样才可以收到良好的效果。根据活动运营的相关法则，定期举办活动，这是一种较好的营销策略。

随着互联网的发展，如今，已经有很多企业选择在网络上展开活动。通过网络平台，那些网络用户可以快速地了解到活动信息，并且积极参与其中。通过社交网络平台展开活动，可以节省一些花费，还能起到不错的宣传作用。

在2013年春节期间，“加多宝”在北京西单大悦城放置一台自动贩卖机。路过自动贩卖机的消费者，只需要大喊一声：“过年来罐加多宝”，贩卖机就可以自动掉下来一罐加多宝。“加多宝”展开的这个活动十分有趣，使一些消费者免费获得一罐加多宝。有很多消费者都被这个有趣的活动所吸引，主动参与进来。随着热度的提升，这个活动被人们发布到微博上，引起更多人的关注。展开活动可以推动信息跨越不同平台，在线上、线下流动。

作为以营利为目的的企业，总是渴望用最低廉的成本来获得更大的送一，而以创新思维去开展活动就是实现这一目的的重要途径。趣玩网的

CEO曾经分享过一个经典案例。

趣玩网是一家以提供创意家居、创意礼物等方面的产品和服务的网站，他们的口号是“趣生活,货好玩”，始终提倡“创意”二字。但是，在创办早期，用户非常少，为了能够获得更多的注册用户，他们策划了一个用户注册有奖的活动。也就是说，只要网络用户通过网站相关页面输入地址、邮编以及联系方式，便可以注册成为会员，而且每一个新会员都有参与抽奖的机会。趣玩网本身是做创意家居等产品的网站，所以他们准备了很多有创意的奖品，这些奖品不是很贵，但是很有意思，于是很快吸引了很多用户注册。

趣玩网更高明的一点在于，抽完奖以后还有活动：只要用户注册后，继续邀请新朋友进来，又可以获得抽奖机会，最多可以累积抽奖三次。很多注册的用户为了领到更多的奖品，开始积极地拉好友注册，于是产生了链式反应，很快使网站的用户爆增。

趣玩网抓住了人们“好利”这一心理特点，用小小的礼品就获得了广大用户的“放心”。活动开展以后，网站获得了大量的用户信息，这为以后的产品营销聚拢了客源。

活动运营对于企业的发展至关重要。在这方面，支付宝和小米手机的策划值得借鉴。

2013年5月，支付宝发起一个名为“十年记忆，淘宝时光”的活动，测算并统计用户在支付宝所花费的金额。使图片与精彩个性的消息文字描述相结合，吸引众多用户参与。由于其文字十分幽默，所以该活动带动用户的好友围绕着自己分享的信息调侃。这个活动利用用户的好奇心和获利冲动，利用关系链的传递，适合在社交网络之中流动。

2013年5月8日，小米手机在腾讯微博上发出消息：【小米手机微信特权专场，关注送30台小米盒子】微信搜索“小米手机”并关注，回复“小米手机就是快”领取特权码，获得30台小米盒子抽奖机会。凭特权码参加5月9日10点小米网微信专场，无须预约，直接购买小米手机2a/2s和小米盒子。今明两天，转发微博@好友，每天送出4台小米盒子

（附活动链接地址）。

其实，“小米”在每个月几乎都会展开类似于上述的活动，活动规则都差不多。每次活动都可以吸引众多用户参与。在展开的活动中，“小米”注重与抽奖相结合，利用客户的获利冲动，使微博上的用户在微信上再度聚拢。

进入一个崭新的平台以后，已有资源的组合会被优先进行，例如：小米的论坛、微博以及现有的购物渠道引导等。观察一些社交平台上的活动运营特点，有几个法则发生作用。对于企业而言，要想获得良好的推广效果，就要遵循活动运营的法则。

如今，在社交媒体之中，自娱是最典型的现象。社交网络的玩法就如同游戏一样，不断推陈出新。倘若企业展开的活动十分有趣，就可以吸引众多用户参与到活动当中。

有些企业的活动十分简单。活动规则应该尽可能设置得简单一些。倘若把规则设置得十分复杂，那样会使用户感到反感。简单是企业进行活动策划的基本要求，在进行策划时，应该遵循简单的原则。若平台设置的规则过多，会使用户分心，活动效果就不会特别理想。

活动运营应该遵循免费的法则。这里所指的免费并不是指费用，还包括一些额外的要求或条件。倘若参与活动的门槛较低，那么活动覆盖的人群就会较大。这样，可以从活动中发现并获得的目标用户就会越多。

企业活动的整个流程应该公开透明。展开活动的过程中，应该使流程公开透明，这是与用户最佳的沟通。如今，在社交网络之中，企业对“获利冲动”心理的利用十分广泛，会出现“刷卡党”现象，那些朝着利益而参与活动的用户会被吸引住。因此，在展开活动的过程中，透明显得至关重要。

企业活动应该遵循可以兑现的法则。获利的兑现如同社交网络之中的互动激励，要及时下发。只要用户达到兑奖的条件，就能获得奖品。奖品不一定要很贵重，但是遵循兑现原则十分重要。另外，企业活动还应该遵循可以累积的法则。利益的累积可以调动用户的积极性。

企业要想使活动产生有效的宣传作用，那么就要遵循活动运营的法则。别随意展开活动，要注意时间以及方法的选择。另外，在活动规则上要多加注意，避免太复杂。简单的活动规则更容易被用户所接受，实施起来也更加方便，能避免很多麻烦。

对于企业的发展而言，诚信至关重要。对于活动的兑现问题，企业应该予以重视，不可以忽视，这样才可以增加顾客的信任。一旦他们达到可以兑换奖品的条件，就应该落到实处。即使兑换的奖品不贵重，也应该积极兑现。

如今，有越来越多的企业通过活动来宣传商品。只有遵循活动的法则，才可以起到宣传的效果。就营销而言，定期举办活动，有效地宣传自己的商品，可以为企业带来红利，此外，在社交网络上进行点赞、评论以及转发等行为，也是企业获利的重要方式。

时间选择技巧：周末运营效应

从很多营销案例中，我们都能发现时间的选择起着重要的作用。对于企业而言，应该注意时间的选择，在恰当的时间发布消息，可以产生最佳效果，其中了解“周末运营效应”至关重要。同样的一条信息，并非对所有人都具有吸引力。有时候，用户不一定会心悦诚服地“点赞”，对于不同人群来说，他们的需求也有所区别。

对于企业的运营而言，注意时间的选择十分重要。倘若想要通过信息来宣传商品，那么就应该选择最佳的信息发布时间，这样可以起到良好的效果。有一些企业就注重信息发布的时间，他们会针对不同人群的实际需求，选择适当的发布时间。

优酷网的运营部门选择在下午4点时发放出消息，最终只有500人参与活动，瓜分100张优惠券。在晚上看视频高峰期以前发放消息，那些没有来得及抢到票的用户，在晚上进行观看就需要付费。这样，在当天剩余时间里付费的用户就比前一天提升50%。倘若选择在上午9点时发放消息，那些正在上班的用户根本没有时间顾及，那么最终将会局限在那些想获得优惠券的用户中。

优酷网的案例从侧面印证了一点，那就是应该重视那些来自二、三线城市的用户，这些用户更侧重于生活类的相关信息。我们以时间选择作为例子，对于那些“北上广”的用户而言，在下班以后，他们可能还有一段时间在回家的路上。这样，他们对那些付费电影的需求率较低。对于那些下班回家时间短的二、三线城市用户而言，就有时间去选择付费电影。

倘若通过微博运营，定时发送微博应用，可以迅速获得数百万授权用户。这主要是从协助用户提前预定好微博发送时间的需求入手，满足企业账号以及内容大号希望信息被更多人所浏览的需求。

其实，“周末运营效应”只是对不同活跃时间节点的笼统概括，企业可以把自己面对的活跃高峰称为“周一运营”、“周五运营”等。在这里，主要强调“周末运营效应”，因为这与有趣、轻松的特点相结合，其符合大多数企业活动策划的特点。

活动推动信息快速流动以及用户快速的转化。然而，值得大家注意的是，用户的活跃高峰并非是互动高峰。在一定的程度上，互动比例和用户的活跃比例成反比。在活跃高峰时，原创信息丰富多彩。这样，用户聚焦在单一信息上的时间就大幅度缩短。此时，往往那些更有趣的东西才会获得用户的注意力。在非用户活跃高峰时，用户会着重浏览现有的、使实用的信息，并且会积极进行互动。

在现实生活中，有些用户在深夜仍然会刷新微博或者朋友圈。也许任何一条新信息都可以使用户感到开心，通过浏览微博或者朋友圈，用户能获得乐趣。倘若发出的信息十分有趣，那么互动的比例就会很高。

比如新崛起的“美丽说”平台，在一段时期的微博官方账号运营中，只要到了深夜就不再发布网站的内容，转变为为自己的听众/粉丝进行点歌。其实，像“美丽说”这样，在晚上营造良好的互动氛围，可以吸引众多听众，获得良好的效果。

所谓的适当的发布时间并不完全是指周末，企业应该根据公司的内部情况以及顾客的需求，选择合适的信息发布时间。不同的企业有不同的信息发布时间，只有认真选择时间，才能够使信息产生良好的宣传效果，从而使企业获得红利。

对于社交网络用户而言，无论是发布信息，还是对信息“点赞”、评论、转发，都应该注意技巧。就“点赞”而言，只有对自己认为好的信息进行点赞才最恰当。倘若对于别人所发的每一条信息都点赞，那么就显得太过随意，不重视对方。而企业选择在适当的时间发布信息才是明智的选择。如购物网站应该根据顾客的需求，选择合适的时间发布促销、宣传等信息，抓住顾客感兴趣的地方，有效地进行宣传，获得事半功倍的效果。

年轻人白天要工作，晚上回家才有时间上网，这就需要企业在晚上发布第二天即将出售的新产品，引起顾客的关注。这样，顾客才会仔细地去看一看与商品相关的信息，从而决定是否要进行购买。倘若在上午或者下午发布促销信息，有些人根本就没有时间认真地去看，很可能会忽略掉信息，错过商品促销活动。

与年轻人相比，老年人每天的生活都相对轻松，没有工作压力。因此，那些懂得上网的老年朋友都喜欢在白天购网，浏览各大购物网站。这就需要企业根据老年人的需求，选择适合的信息发布时间。当然，网站所销售的商品不一定是针对老年人，因此，这需要企业根据公司的内部的实际情况，仔细地进行考察，发布宣传信息。

正所谓“众口难调”，企业无法满足所有人的需求，只能针对顾客的需求，选择一个最佳的时间发布信息。因此，企业应该注意时间选择的技巧，从公司的利益出发，针对大多数有同等需求的人进行合理的时间选择。

企业应该注重“周末运营效应”的应用，因为这种应用符合大多数企业的特点。当然，企业可以根据不同的情况，结合顾客的需求，进行合理的时间调整。只要选择合适的时间发布消息，那么就能起到更好的宣传、推广以及促销的作用。

对于社交网络用户而言，“点赞”具有一定的作用。企业只有选择适当的时间发布信息，才有机会获得更多的“赞”，并使信息流动起来，最后使企业获得红利。

为什么我没效果：企业的社交困境

虽然社交网络可以给企业提供巨大的红利，但对于中小企业以及团队，仍然存在着无形的阻碍。并非所有企业都可以享受到来自于社交网络的用户以及流量。有一些企业和小团队，要想充分地利用社交网络还是有一定的难度。红利好像被掌握在一小部分精英企业那里。

腾讯微博有超过5亿的注册用户，但有千万以上听众的账号仅仅有36个。微信有超过百万用户粉丝的账号很少。由此可见，并非所有企业和用户都可以拥有理想的听众群。只有少数企业能够在微信以及微博中游刃有余，一大部分的企业都在金字塔的底部。

有些企业难以获得更多的用户。无论是在微信还是微博上，有些企业或团队会显摆自己在短期内迅速汇聚数十万、数百万优质用户人群，此时，有些小团队仍然在为数百个用户挣扎。对于这些小团队而言，每增长一个用户都是一种突破。

有些企业会面临选择的难题。从QQ空间到微博，之后发展到微信。一些大型平台的出现和崛起的时间越来越短，在这些平台上，有很多典型的案例。企业以及创业团队所面临的选择难题越发艰难，刚出现的一个社交网络平台还没有发展得很好，就有另外一家平台成为大众所关注的焦点。

倘若坚持在某个社交平台上，那么随着时间的改变，信息会发生质变。同时，也会使品牌与用户之间的关系发生质变。倘若一个新平台还没有崛起，就率先瞄准进入，那么就有机会享受到丰厚的先发红利。

对于有些企业而言，效果难以累积放大。2013年4月，有一个创业公司的老总在微博中提到，他大规模投入，进行连续两个月的微博营销，然而微博覆盖用户人群已超过“小米”，但是获得的实际效果却相差甚远。另外，在暂停几天下发信息的时间内，搜狐新闻客户端所运营的微信自媒体账号，在一天之内就有几千个用户取消、退订。

尽管很多企业始终在坚持而运营账号，但消息却始终无法流传出去。就微博和微信而言，要想做出与众不同的口碑并非易事。对微信自媒体账号以及微博账号进行观察，其第一时间在社交网络所获得的成就，主要是由于现有资源以及认知的累积转化所导致。QQ空间、微博以及微信正是适时提供合适的工具，从而协助一些企业或者创业公司在市场中迅速崛起。

实际上，选择怎样的平台并非难事，关键是要以自身的需求为前提，慎重选择适合自己的平台。小米手机充分利用微信、微博，没有放弃过去的论坛模式。从最初塑造品牌之时，论坛就成为聚拢用户的武器，社交网络也成为线上运营的法宝。

由于私密沟通的属性，微信被小米放在客服平台的位置，这样就帮助企业提升了CRM管理。微博信息流动迅速，被放在一个适合做品牌的位置。其实，社交网络就如同已有工具的组合，不能盲目跟从。

对于不同的社交网络，企业能采取类似于“小米”的策略。把各个平台进行组合，然后再使用，就可以使其充分发挥所长。把赞、分享、评论以及自己的账号登录体系与社交网络打通，这样，用户就会决定把信息分享流动到某个平台去。

根据自己的特点，倘若企业的品牌诉求很强，想使自己的信息快速地覆盖更多人群，那么最佳选择就是微博。面对社交网络上的难题，有一些解决方案。对于企业而言，应该了解一些处理问题的策略。

消息内容应该精彩。要知道，消息本身具有生命力。倘若消息被官方账号或者用户在社交媒体上发布，那么就可以流动开来。那些可以击中人情感、情绪的内容，流动得更快。

官方账号主动进行互动。就官方账号而言，应该主动与用户进行互动，不断解答用户的各种疑问，这是接触潜在用户的一个过程。对于官方账号而言，要发布与自己相关的信息，还要答疑解惑。其实，在答疑解惑的过程，可以与用户建立信任。每个平台提供的方式不同。在微博中，官方账号能主动出击。在微信中，能更加便利地回答用户的疑问。

发动自己的核心用户。无论是网络上的用户，还是现实中的顾客，都可以邀请他们为自己背书。与他们发生业务联系，邀请他们享受服务。然后，邀请他们收听自己。鼓励用户在微信账号以及微博中发出中肯的评价。每一个用户都是珍贵的渠道，用户发布信息，分享、推荐，这都能在无形之中为企业创造红利。随着时间的改变，信息不断重复释放。

充分利用现有渠道。利用现有的网站、论坛、博客以及线下渠道等。现有渠道至关重要，与其覆盖更多的其他渠道，不如充分利用现有的资源。在利用现有渠道的基础之上，再去拓展其他渠道。在社交网络中，有一些已经被建立起来的工具。例如：腾讯的广点通广告系统，是业界十分有成效的广告系统之一。通过这个系统，可以迅速获得用户以及流量。

企业不妨做一些有趣的应用。做一些小应用，通过开放平台提供的API接口制作的应用，帮助网站以及创业团队进行筛选，聚拢大量的目标用户。这样，可以推动信息的快速传递。

以“美丽说”以及“蘑菇街”为例，其早期就在QQ空间开放平台以及微博开放平台上制作轻松而简单的应用。一些企业在展开活动时，会选择制作小应用。这些看似简单的小应用，赋予新团队创新的可能。

保持好心态，并且不断地尝试。要知道，并非每个企业都可以在社交网络上迅速获得十万、百万以上的用户。在开始聚拢几百名核心用户时，就可以展开不断的尝试，挖掘新用户。已有用户是十分珍贵的资源。

任何企业的发展都需要一个过程。在初期，企业并不一定会获得丰厚的红利。但是，发展到后期时，由于有了积累，红利就会加速涌来。保持良好的心态，积极创新，不断尝试。

企业要与平台的重点发展方向进行捆绑。倘若合作伙伴对社交网络的理解不到位，那么即使有优质的资源，也无法留存和转化。因此，建议合作伙伴多关注QQ空间、腾讯微博以及微信。这样，就能更好地理解信息、关系链以及互动的微妙之处。

对于社交网络而言，社交困境是应该被重视的问题。否则，中小企业的热情就会消散。一旦企业的热情消散，那么社交网络热度就会消散。使用户发出的信息和中小企业的服务相结合，为用户提供直接而优质的服务，这至关重要，而且有广阔的开发空间。

垂直服务带来红利

社交网络以横向拓展关系为主，这样社交网络会变得越来越宽广。QQ空间、微博以及微信，都着力于使用户的好友数量不断地增加。通过用户的发布与分享，使信息不断地从外界汇聚到社交网络中。通过“点赞”的行为，可以使信息扩散出去，从而为企业带来红利。

从传统媒体意义上来说，有价值的信息具有传播价值，例如：名人、明星的新闻事件等。在社交网络中，主要是指那些用户在当下需要的信息。也就是说，在合适的时间，获得合适的信息，尤其是那些用户喜欢的信息，可以使用户感到愉快。这就意味着，要把那些散落在社交网络中用户的需求以及兴趣爱好等汇聚起来，并采取一种比较合理的方式为用户提供相应的服务。这是细分服务的出发点，同时，这也是一种机会。如今，在社交网络上提供垂直、细分服务的平台逐渐多了起来。“美丽说”的成功为其他创业者以及电商网站带来很好的参考。简而言之，在社交网络中，为用户提供垂直与细分服务值得借鉴。

在过去，电商网站经营者发现，通过微博营销所能获取的销售转化比例不断地下降。社会化电商的探索没有合适的突破口。有一些电商网站习惯于通过大号反复发布广告，销售商品，并没有利用“用户分享”的策略。在以前，官方账号的互动行为很少，这完全不利于营造良好的氛围，更不利于与用户建立信任度。

对于社交网络而言，商业化探索对商家品牌以及营销的推动，得到了商家的普遍认同。如今，大量电商都采取营销方式，采用给好评换取现金的做法。这对于潜在的消费者而言显得有些冷漠，对消费者购买决策的影响不大。

购物评价的社交化，能够解决购物中货品、个人人品以及信任度等多种保障，拉动电商社会的变现以及传播等。在好友之间存在着信任交叉，这会在社交网络中被发现，并且通过适当产品形态的包装所爆发。

垂直服务将会给社交网络的信息创造价值。在这样的服务中，信息会显得十分珍贵。信息并没有好坏之分，即使是那些所谓的垃圾信息，也要看信息依附在哪种场景和产品上。所以，即使社交网络对这些信息采取不同的呈现策略，从大体的趋势上来看，仍然在不断地汇聚信息，并且把信息分发到恰当的场景以及产品中。垂直服务刚好弥补这一点，垂直服务的使用令这些低效的信息提升价值。要注意，这里所指的价值是信息能够对其他用户带来一定的帮助。由信息所产生的互动可以提升用户的感知。

在大型的社交网络中，任何细微的信息都可以汇聚成庞大的结果。信息碎片的分享以及互动可以带来巨大的效果，能够建立各种不同的垂直服务的土壤。在社交平台上有一些创业应用，而且这些应用都获得了良好的效果。

比如“唱吧”应用，给那些喜欢唱歌的用户提供歌唱类移动应用，现已成为喜欢K歌人士的掌中宝。“唱吧”通过社交账号登录的方式，鼓励用户把自己所生产的内容同步到社交网络中，通过关系链进行传递，这样可以把那些对“唱吧”感兴趣的用户搜集起来。

又比如“皮皮精灵”，也同样是成功的应用案例。起初，“皮皮精灵”给内容账号提供定时发布的功能，这种单一聚焦的服务，迅速把那些有这种需求的数百万企业以及草根内容账号聚集在一起。通过这个基础，逐渐进入到更多的平台中去。如今，“皮皮精灵”开始给部分自媒体账号提供微信平台上的部分服务。

“微成都”给成都人提供全面的沟通服务工作。在成都查看微信上附近的人时，可以在附近100米看到“微成都”账号，随时向其发出询问或者咨询。对用户而言，这个服务十分便利。“微成都”是成都政府宣传部门所进行的尝试性主动服务之一，取得了较好的效果。

在大型的社交平台上，信息与互动充沛流动。在充沛时，用户的个体化需求通常会比稀缺时难解决。垂直服务在其中扮演重要的角色。这些需求所聚集起来的数量十分惊人，垂直服务有着十分鲜明的特点。

垂直服务率先打通内容以及服务之间的障碍，同时，还打通用户和收入的障碍。通过垂直服务，可以把大型社交网络中的某个细微动作、内容等通过某种方式进行搜集，并使其聚拢在一起。在聚拢以后，就会产生“群聚效应”，广告信息投放就变得更加有针对性，具有更高的转化率。“啪啪”、“唱吧”等在运营上的成功，正印证了良好的群聚效应。

垂直应用可以为平台提供无法看到，或者暂时不能进行更好服务的机会，这相当于采取更好的方式为大型平台提供功能和服务。即使再强有力的平台也不能保证自己的每项服务都可以尽善尽美，并且不断地升级。然而，垂直服务就帮助解决问题。通过垂直服务，可以使用户获得更好的体验，这是那些大型平台无法拒绝的服务方式。

有些垂直服务担心平台大规模涉足，因为那样会导致自己被扼杀掉。但是，时间差可以使创业团队迅速积累到足够量级的用户以及十分细致的产品体验，这就是垂直服务给自己所建立的壁垒。打通收入的障碍时，平台一般会采取投资的方式，在更大的范围内进行共生。

随着时间的改变，面向细微行业、内容以及领域的垂直化应用将会不断地诞生。与别的应用相比，垂直服务有天然优势，也就是“流动闭环”。一些用户在不同的网站以及应用分享内容，或者在链接到社交网络之后，用户点击进行查看，那就会跳到原应用或者网站中，这是典型的回流产生，是很多合作伙伴的需求。然而，这也导致跳出用户不能在原有信息之上再展开互动。

互动就是社交红利的放大器，流动的中断终结合作伙伴红利的继续获取和积累。由于需求本身脱胎于社交网络，一般来说，垂直服务采取的方式是社交账号登录。这样，发布信息同步，每个顶、赞、评论等互动行为都和社交网络实现同步，这保证了流动的连贯。

如今，任何企业都不能承担起建立完整生态系统的任务。即便是庞大的腾讯帝国也是如此。开放的平台能把所有的合作伙伴聚集起来，共同创建新的环境以及生态系统。这样，大型平台自身受益，任何创业的小公司也获益。在这样的环境之下，利用闭环与共生的特点，聚焦在社交网络中的垂直类应用可以比独立创业更加节省时间和资本。

第五章 建立地图，有利于实现社交网络营销

人际关系犹如一张大网，每个人就是这张大网中的点，信息则作为纽带的作用将每个人连接起来。生活在大网中的每个人都无法孤立地生存，所以要建立自己的社交网络地图，以弥补传统社交圈子范围的局限。要善于发现有价值的潜在关系，特别是那些可能会带来红利的“弱连接”关系。点赞对于社交网络营销的魅力，在于利用网络互动信息实效、高频的特点，可以有效帮助企业推广形象，树立品牌。

实现社会化客户服务

在达成交易以后，企业和客户的关系才真正形成。很多企业都知道，保留现有客户比获得新客户更加容易，可以节省很多花费。然而，对于企业本身而言，要向客户提供高质量的客户服务并留住客户并非易事。因此，对于企业而言，实现社会化客户服务至关重要。只有实现社会化客户服务，才可以使用户获得高质量的服务，这样有利于产品的推广。

一般来说，客户向企业请求援助的电话都带有急躁、愤怒等负面情绪。当然，客户会出现负面情绪有一定的原因。倘若在通电话的过程中，客户被要求等待的时间超出其忍耐限度，那么客户就会主动挂断电话，然后再次打进来。有时候，客户会感到沮丧，从而放弃援助。

有些企业可以熟练使用社会化服务，这样既可以大幅度节省开支，又使企业的品牌受益。通过可靠而低成本的反馈渠道，企业能不断改进产品和服务。如今，社交网络正在逐渐模糊企业内部的职能划分。市场营销不再是使用独立日程的部门。客户会把企业看成一个单一的实体。无论客户与企业内部的哪位员工进行对话，都想获得和企业品牌一致的体验。因此，企业应该制定一份详细的日程，这份日程主要是针对客户来制定。

作为营销人员，应该认真思考该如何为客户提供服务。在整个企业，各个部门都需要加强沟通协作。企业应该意识到，客户服务正在从保守的职能转变成客户体验的战略基石。客户服务转变其在企业中的模式，也使企业得到转变。有些企业并没有把客户服务看成是变革的基础，然而，社会化媒体的加入使这成为事实。消费者接受社会化媒体的趋势，推动着客户服务的变革。

倘若企业忽略产品或服务中出现的问题，那么客户就可以把互联网作为媒介，公开说出自己的遭遇，让大众都知道。这样，就把主动权从企业转移到了客户。这需要新闻媒体负担起责任，对那些向用户提供劣质服务的企业进行报道。要知道，恶劣的客户服务有损企业的声誉，因为，客户有能力和更多人分享意见。

想要成功实现社会化客户服务，要讲究一定的策略，注意倾听、透明度、承认错误、关心客户以及众包。最值得注意的就是认真倾听。即使企业还没有在社交网站上设置主页，一旦有客户对企业的产品或服务投诉，或者有任何与企业产品相关的内容出现时，应该及时关注，花几秒钟在网站上搜索企业的名称。

在社交网络快速发展的时代，客户有权利决定自己发表言论的场所，这也就决定了企业需要提供服务以及支持的场所。如今，客户逐渐转向社会化渠道，并非传统的呼叫中心渠道。借助社会化渠道，客户能从其他客户那里获取相同的感受。

别害怕分享那些没有经过审查的客户反馈，因为，无论如何，人们都会发现这些反馈。让大众注意到未经审核的客户反馈在网站上公布，并且让大众了解到企业如何处理这些反馈的问题。

企业应该委婉地处理负面的反馈。倘若客户的反馈和真实情况不符，那么企业应该礼貌地做出回应。对于不方便做出解释的反馈，企业可以保持沉默，自然会有公正之人站出来主持公道，最终解决矛盾和分歧。

在社会上，有些企业会在网上伪造身份，为产品进行宣传。一旦事实真相被曝光，那么企业将会遭遇公共关系危机。倘若企业的产品或者服务确实存在着一定的问题，有客户向企业提出建设性的意见，企业应该主动承认不足，向提出意见的客户致歉，然后想办法解决问题。倘若企业拒绝承认错误或者不足，那样就难以获得客户的信任和支持。

在企业有拥护者以后，能把大量客户服务众包给社区。通过互联网，倾听客户的意见，实现透明，主动承认错误和不足。付诸实践，获得粉丝和拥护者以后，再将客户服务众包就是水到渠成之事。

在客户服务支持的过程当中，客户所提出的问题也许没有互动体验重要。客户想要感受到企业在认真倾听，并且，企业重视客户提出的意见。客户为企业创造红利，因此，客户有权利发表自己的意见。

以前，用户在与客服沟通的过程中，客户处于下风。然而，社会化媒体的出现使客户拥有沟通渠道，这就让客户获得主动发言的权力。企业可以通过一定的策略将客户的愤怒解决，并转化成忠实的用户。倘若有人关心企业，在一些社交网站上发表和企业相关的信息。那么，企业应该把握住机会，通过优质的客户服务赢回客户对企业的支持和信任。

在社交网络出现以前，那些对企业感到愤怒的客户会向其好友进行抱怨，停止购买企业的产品。这样，企业根本就没有向客户道歉的机会，无法澄清误会或者纠正企业的错误。因为，企业完全不知道客户为何抱怨。在社交网络时代，企业可以通过网络获得信息，倾听客户的意见，并且通过努力把客户的愤怒转化为信任。

一旦获得客户的信任，当客户再次购买企业的商品时，就会主动“点赞”，并把有利于企业发展的信息分享出去。对于十分喜爱的产品，客户会进行评论或分享。因此，通过社交网络，企业可以和客户建立信任，从而使客户成为推广产品的资源。因而，实现社会化客户服务十分重要。因为，这样企业不用花费过多的资源，就可以获得良好的宣传效果，从而获得更多的红利。

要善于发现潜在价值

企业的生存和发展，除了维系人际圈之外，还应该主动获取有价值的信息。社交网站可以向企业提供一些有价值的信息。另外，社交网站还能帮企业的领导人估量一段关系的潜在价值。企业可以浏览联系人在社交网站上所分享的信息，并快速把相关信息搜集起来。在这些信息中，企业要找出双方相同的背景、有交集的兴趣爱好以及共同的好友。

其实，在人际圈中，有很多对企业有价值的关系链，关键在于企业能否将其挖掘出来。要注意，企业不应该坐等时机，应该主动寻找有价值的关系链。通过社交网络获取信息，可以使企业确定投资方向，优先考虑那些适合企业的合作伙伴。通过边缘关系，企业可以进一步发展。

在线社交网络给众多企业带来惊喜。对于企业和社交网络用户而言，通过在线社交网络，可以与初次见面的人保持一定的联系。与传统的关系进行对比，建立在线社交网络联系会更加容易一些，且容易保持这样的联系。

在建立联系之后，根据相关信息，企业和用户就可以判断出这段关系是否具有一定的价值。信息可以帮助企业和用户进行早期的筛选，从而减少错误的肯定。无论是企业还是用户，都不应该在那些错误的关系上浪费时间，而应花更多时间去维系那些能够长期发展的关系。

当个人的生活环境有所改变，出现还没有满足的需求时，朋友可以派上用场。对于那些因故失业的人而言，在失业以后，可以借助社交网络来寻找适合自己的工作。倘若想要前往另外一个城市生活，那么可以在社交网络的好友中查看有哪些人在当地，也许对方能帮助自己熟悉那座城市。另外，倘若一个人想要开一家企业，便可以从社交网络中的好友进行选择，选择合适的雇员。

有些人认为，在线网络忽略关系的质量，注重追求数量。然而，随着社交网络的发展，这种情况越来越少。无论是QQ还是微信，大部分人接受陌生好友请求都是出于礼貌。接受或者拒绝的规则不太清晰，很多人不想让自己显得太无礼。

在线互动倾向于支持离线关系，并非直接取代离线关系。通过在线的互动，可以加强现有的关系，还能为将来的关系打下基础。倘若没有在线互动，那么就难以获得有价值的关系。因此，在线互动十分重要。

曾经，可以接触到信息似乎是一种特权，而如今随着互联网的发展，使得大众都有获取信息的权利。在线社交网络加速信息的传播，为社交网络用户提供了便利。同时，在线社交网络还对企业的发展产生一定的影响。到目前为止，已经有很多社交网站对大众开放，每个人都有权利注册账号。

在QQ空间、微博以及微信朋友圈中，通过用户的“点赞”、“分享”以及转发等互动行为，可以发现潜在的有价值的关系链。对于企业以及创业团队而言，在社交网络平台上发布信息，可以对自己的产品进行宣传，还可以在无形之中挖掘潜在客户。

作为企业，应该重视“信”，有信誉的企业才能发展壮大。在社交网络平台上发表信息，应该注意信息的质量。发起活动，要遵循活动规则，及时兑现奖品。这样，才可以为企业树立良好的形象，赢得客户的信任和支持。

在社交网络平台上发布信息以后，要时刻关注信息的互动情况。当发现有一些用户进行“点赞”时，应该关注用户，主动了解用户的详细信息。这样，就可以挖掘潜在客户人群，发现一些具有价值的关系。

对于用户的评论，企业应该仔细查看。通过用户的评论，来发现产品的优缺点，从而进行改进。另外，通过用户的评论，可以初步确定对方和企业的潜在关系，从而进行维护，和对方建立良好的关系，鼓励对方购买企业的其他商品。

一般来说，那些对商品或平台信息进行评论的人，都已经在企业购买过产品，对产品有一定的了解。倘若用户给出一些建议，企业要及时采纳。因为，没有一件商品是十全十美的。如果大多数人都对同一款商品有意见，那么企业就应该重视起来。在解决问题的同时，与用户建立良好的关系，为进一步推销保持人脉。

要想获得有价值的关系，企业就应该树立品牌形象。在信任的基础之上，自然可以获得更多人的支持，从而推销企业的产品或服务。对于企业而言，良好的口碑至关重要。和客户保持良好的关系，就可以通过老客户发展新客户。要知道，老客户是企业挖掘新客户的宝贵资源。很多老客户的人际圈都很广，这样，就可以为企业提供新客户，从而使企业获得红利。

其实，企业完全可以把客户的客户变成自己的客户。也就是说，企业的客户可能也在做生意，对方也有一定的客户资源。维持好企业和客户的关系，便可以进一步发现有价值的人脉资源，从而进行更大范围的产品或服务推广。

在当今社会，企业之间的竞争激烈。企业应该善于从竞争对手那里获得客户资源，因为，竞争对手的客户往往就是自己的潜在客户。当客户发现对方的产品不完善时，就会货比三家，看一看别的商家所出售的产品，最终选择一款客户自己认为物美价廉的产品。根据客户的这种心理，企业可以挖掘有价值的关系链，从竞争对手那里获取潜在客户资源。

社交网络上的成功协作

社会是由所有人共同编织的网，社会中的每一个成员都在这张网上悬挂着，没有人可以脱离社会而独立生存。与别人进行交往是个体生存所需要的基本条件，也是实现理想的关键所在。人生的起伏和人际交往有着十分密切的关系。企业如同个人，要想通过社交网络实现营销的目的，就要注意社交网络上的成功协作。

在信息社会，与人打交道的能力变得更加重要。要知道，每个人的视野有限，无法一下子获取所有信息。因此，和别人进行合作，双方相互给予，分享所得，这样就可以实现共赢。对于每个人而言，培养社交能力至关重要，因为，社交可以改变生活，是每个人实现自我价值的法宝。对于企业而言，也应该学会和伙伴进行合作。通过协作，可以获取更多资源，例如：客户资源、宣传渠道等。

如果企业之间缺乏信任，那么就难以进行协作。对于社交网络用户而言，如果缺乏信任，那么就难以分享各自的观点。无论在线还是离线，没有信任就难以进行合作。企业与员工、客户之间也要协作，企业要理解内部员工和客户。刚开始就建立信任，有利于协作的开展。

其实，协作是一种艺术，也是一门技术。倘若和客户或者员工之间进行沟通很困难，那么可以先从小事做起。对于企业来说，可以开设论坛，让员工或者客户在论坛上反馈个人意见。企业还可以给客户发邮件，询问其是否有意向与企业进行协作。

如今，企业之间的竞争越来越激烈。要想在社会上站稳脚跟，绝对不能闭门造车，要懂得沟通协作。通过协作，可以使企业快速发展起来。即使在竞争对手身上，也可以找到有价值的东西，并竭诚合作，实现双赢。

协作和创新密不可分。对于企业来说，倘若用户向企业提出意见，那么企业就应该接受客户的意见。至少不要使客户感到难堪，别与客户发生冲突。这就是协作的一种体现。要知道，客户花费金钱购买商品或服务，就是对企业的支持。因此，客户有权利表达自己的个人观点，向企业提出合理的建议，同时企业有义务对客户给予满意的回馈。

倘若企业加入某个社区，那么就应该为社区贡献力量。无论是以个人的身份还是以企业的名义加入社区，在加入之前都要对其有充分的了解。企业与社区进行在线协作时，可以利用的主要资源就是社区上出现的合适人选。

作为企业，要想实现成功的协作，就应该树立企业形象。在良好的口碑下，企业可以聚拢潜在客户，从而推广产品或服务。一般来说，那些口碑好的企业都懂得与客户建立起信任。企业要与内部员工、已有客户、潜在客户以及社交网络平台实现成功的协作。

如今，通过社交网络平台进行营销的企业不在少数。如企业通过微信、微博以及QQ空间等社交网络平台，可以挖掘出更多潜在客户。更不能小看社交网络用户在平台上的“点赞”、“分享”以及“转发”等互动行为，这些互动行为具有一定的宣传作用，可以使企业所发布的信息流动起来。

信息的传递可以为企业带来红利。企业所发布的信息，可以与客户产生互动，这就是协作的方式。不过，要知道信息大厦的质量会影响互动的效果。因此，企业应该发布优质信息，避免使用机器语言在社交网络平台上发布广告。幽默、有趣的信息，加上有意思的图片，可以吸引更多社交网络用户。

一旦用户在社交网络平台上看到企业发布的有意思的信息，便会在信息下面“点赞”，这实质是在为企业进行免费宣传。企业不用花费金钱就可以推广自己的产品。当然，企业与社交网络平台的协作至关重要。成功的协作有利于产品的推广，可以为双方带来红利。

无论是大型企业，还是中小型企业，都应该注重与合作伙伴的协作。成功的协作是销售成功的开始。没有任何一个企业可以不依赖于外界而独立生存，即使是竞争对手也可以成为自己的合作伙伴，通过合作，双方可以实现共赢的目的。

倘若没有成功的协作，在社交网络平台上便不会有“点赞”等互动行为，信息就无法流动起来，那么企业便不能达到宣传产品或服务的目的。因此，企业要想通过社交网络来进行营销，获得更多红利，那么就要懂得协作，无论是与合作伙伴，还是与内部员工或客户。

一个人生活在这个世界上，倘若不懂得与人合作，那么就难以走向成功。一个企业要想获得巨大的成功，那么就要懂得合作。真诚的合作可以使双方获得良好的体验，从而取长补短，实现共赢的目的。正所谓“人多力量大”，因此，善于合作，是获得成功的关键所在。现实中那些红极一时的影视明星，大多数都是善于和别人进行合作的人。通过和别人的合作，不仅可以获取资源，还可以借助对方的力量使自己壮大起来。

在信息时代，企业的发展需要合作，尤其是与社交网络平台的合作。借助平台的力量，宣传企业的产品或服务。任何社交网络平台都具有一定的力量，可以起到宣传信息的作用，例如：QQ空间、腾讯微博、新浪微博以及微信朋友圈等都是不错的渠道。

其实，只要企业与社交网络平台进行合作，在平台上发布信息，那么企业就会受到更多人的关注和支持。倘若企业想通过社交网络来进行营销，那么就要对社交网络有充分的了解。要知道，任何信息都可以通过社交网络平台被传播。在社交平台上的“点赞”、“评论”以及“转发”等互动行为，可以带动信息的流动，并从信息流动中获利。

通过社交网络建立商业目标

企业在为发展做出投资之前，要仔细地进行考量。确定企业的发展战略至关重要。企业应当进行市场调研，确定发展的趋势和目标。可以录用初期的采纳者，从而建立焦点小组。为客户提供机会，吸引客户的参与。

企业可以让客户之间相互扶持，从而提高客户的满意度。企业还可以向那些现有的客户推销额外的产品或者服务，从而拓展新的市场。还有关键的一点，那就是企业应该注重口碑营销，招聘新员工，并提升企业的品牌和定位。

企业要向已有的客户进行追加销售，并且挖掘新的客户群体。要知道，社交网站的范围涉及不同的领域，企业应该准确定位特定人群。企业不仅要思考自身的定位，还应该考虑自身的发展方向。也许，当企业把目标人群定位在新的客户群时，可以获得巨大的商机。

为战略和决策制定确立目标。企业应该对目标进行评估，既要考虑到社交网络对企业的意义，还要考虑社交网络是否为实现某种目标的工具。随着时间的改变，企业对于社会化媒体的投资会不断进化和改造。制定一系列的目标很重要，即使这些目标会发生改变。这样，企业的努力便不会白白浪费。在企业的内部动员员工，在企业的外部设置预期，从而衡量投资的回报率。

通过社交网络，可以快速地使客户和志同道合的人或者社区建立联系，把企业置于话题之外。企业需要有组织的方式，通过企业的软件把企业和社交网络联系起来，这样，就可以给企业提供机会，从而做出实时的反应，掌握潮流发展动态。

社会化CRM使得社交网络成为新的渠道，使社交网络服务在已有端对端CRM投资。社会化客户洞察形成社会化CRM行动的基础。社交网络能洞察关于产品和服务的意见，使企业实现可以信任的市场表现。

对于社会化市场洞察而言，营销人员在开口之前，应该先认真倾听，认真听取客户提出的意见和建议。确认那些具有影响力的人，对其重要的对话排序，优先处理关键渠道。企业应该确定讨论的速率，规范话题基调。

作为企业，应该捍卫企业的品牌形象。一个品牌要想获得成功，那么就应该确定言论的内容。要重视信息的严重性，注重发言人的影响力与互动发生的背景。另外，企业应该优化社会化活动监测。这和传统广告不同，社会化市场营销在不断地发生着变化，因此，需要加以关注和维护。发生在客户身上的事件逐渐变得社会化。在线活动与实际活动开始之前、进行中或者结束以后，营销人员都应该建立社会化战略。

企业要找到潜在客户以及客户的休闲场所。要想获得成功，那么企业既要确定潜在客户以及客户的互动场所，还应该确定品牌实现的关键需求。企业应该早点出击，抓住机会。要知道，快速社会化销售反应监测着那些关键的渠道。销售团队能定位关键购买社区，针对潜在的销售机会，企业要快速地做出反应。

企业主动生成社会化的机会。通过点对点的方式主动创造机会。企业主动生成社会化机会可以接触到一部分客户，这些客户想要受到企业的培训，或者成为企业的宣传大使。在线客户的推荐信以及社会化推荐会影响到客户的规模。

社会化支持洞察给企业提供相应的信息，按照影响力来排列客户名单。确定企业好友以及企业竞争对手的状态，从而选择出适合企业的反应渠道。要知道，实时反应已经无法满足需求。虽然，渠道越来越多，但是，企业仍然要鉴别出客户支持请求与反馈意见。

利用企业内部的宣传团队。明智的企业懂得充分利用客户以及合作伙伴。企业要掌握当前的创新发展趋势，利用各种各样的创新趋势，这包括产品维修以及功能增强的需求，还有新方案的提出。企业的目标在于获得、组织并且按照优先等级实施各种各样新的想法。

研发众包，实时进行创新和反馈。要注意，研发众包会改进概念传递的时间框架。客户、合作伙伴和业界观察家会加速需求征集以及样本测试的过程。另外，企业还应该向各个领域学习，以便可以对客户的要求快速做出反应。企业内部的各个部门应该实现无缝对接，从而顺利地完成工作。通过分享的应用程序编程接口，使各个职能部门可以进行协作，通过集中式系统来获取反馈信息。

企业应该使协作延伸到供应商、合作伙伴以及别的利益相关者。企业要为外部的合作伙伴提供协作工具，使合作伙伴可以和企业内部的员工进行互动。另外，企业应该实现无缝客户体验。对于企业内部的员工，倘若客户根本不关心你在哪个部门就职，那么你就应该为客户提供一种与企业形象相符的服务，从而提升客户的满意度和舒适度。对于企业来说，要懂得留住老客户，尤其是那些重要的客户。VIP体验可以使那些重要客户获得优质服务。这样，那些对企业有价值的客户就会信赖企业的产品或服务。

通过社交网络建立现实可行的目标。一个企业要想发展壮大，那么便需要确立目标。有了目标以后，才有努力的方向和动力，从而付诸实践。确立目标以后，要善于运用社交网络资源，挖掘潜在客户，推广企业的产品和服务。

根据企业的目标，在社交网络平台上发布有价值的信息。通过社交网络用户的“点赞”、“分享”以及“评论”等互动行为，充分借助社交网络发展壮大。

搜索广告的方式更有效率

企业应该学会以符合成本效益的方式来找到被动的买家，例如：通过搜索广告的方式。要知道，搜索广告就是一种有效率的方式。因为，通过搜索广告，可以在客户决定购买产品或服务的一刹那俘获客户的“芳心”。一般来说，这些客户都有着较高的交易意向。

值得注意的是，企业要在搜索广告上投资很昂贵。因为，合作商都想要与这些有购买意向的人接触。搜索广告的空间很大，因为搜索广告只吸引总人数中的一小部分人。企业可以通过给“被动买家”投放广告来了解其中的价值。要知道，这些买家并非主动寻求产品。然而，一旦他们受到鼓励，就很可能会产生购买产品的兴趣，将购买欲付诸实施。例如：当人们在超市购买日常生活用品时，可能刚开始并没有想要购买饮料的意向。然而，当看到这些饮料挂上的“促销”的标志时，顾客就可能会进行购买。

对于一些刚上市的不知名产品，通过搜索广告，也许不能起到一定的作用。因为，目标人群也许完全不知道这些产品的存在。那么，通过超定位后的广告，就能挖掘出那些目标人群的潜在需求。

企业要想挖掘出被动买家，可以展示企业的广告。通过广告的展示，能接触到一些人，当然，其中包括那些被动买家。一般来说，展示广告比搜索广告的花费还要高。因为，展示广告需要占据专属广告位。展示广告不进行定位做法，这样，就会和那些与产品无关的人群接触，从而浪费一定的广告资源。作为企业，要根据企业内部的情况来进行选择。

对于一些小型企业而言，也许无法负担展示广告的费用。因为，只有一小部分人群会认为这样的广告产品和自己相关。大部分人都不会点击查看详情。从传统的意义上来说，大品牌展示广告不会浪费太多资金，因为，大品牌可以吸引一大部分人关注广告。所以，一般只有大品牌才会采取展示广告的方式。

纵然是大品牌，也需要更好的宣传效果。对于广告人员来说，超定位可以提供符合成本效益的方式，使其找到被动的买家，并且挖掘被动买家的潜在购买兴趣。根据理想的客户资料，对主要人群进行划分、过滤。社交网络广告人员可以进一步挖掘出客户的潜在需求，这样，就能避免把广告浪费在那些错误的人群身上，相应地，也就不用花费很多资金就能接触到被动买家。

通过超定位，可以实现精度广告，发掘出被动客户的潜在购买兴趣。超定位可以产生优化的广告活动。然而，这并不意味着使社交网络广告替代搜索引擎市场营销和展示广告。与此相反的是，在线社交图已经被用于使这些模式更完善。也许，在不久的将来，社交网络和搜索市场营销会互相融合。

企业的发展需要一定的策略，企业应该根据目标客户群的定位以及企业自身的定位来制定营销策略。通过搜索广告，主动了解客户的潜在需求，从而进行产品推广。中小型企业可以选择搜索广告的方式，大品牌企业则可以选择展示广告的方式。

随着互联网的发展，进行广告搜索已经不是困难的事情。企业可以根据一些关键词来进行搜索。广告搜索的范围十分广泛，只有找出关键词，再进行搜索，才可以精确地挖掘被动客户，并且了解被动客户的真正需求。这样，就可以针对被动客户的需求来宣传企业的产品和服务。

如今，很多社交网络平台崛起，给广大用户提供了便利，也对企业的发展产生影响。企业的发展已经和社交网络产生密切的关系。要想使企业逐渐壮大，获得更加辉煌的成就，那么企业就应该和社交网络合作。通过社交网络来进行营销，是一种不错的选择。

要知道，在网上宣传产品可以节省很多广告费用，还可以减少销售人员的负担。如今，很多销售人员都会通过社交网络来推销产品，这是一种十分便捷的方式。因为，通过社交网络，销售人员不用四处奔波，就可以轻松地推销出一些产品。

对于企业来说，通过社交网络，可以更加便捷地推销产品。通过搜索广告，可以准确地发现那些被动客户，还能进一步挖掘出被动客户的潜在需求，从而有针对性地进行营销。这样，就可以避免盲目地做宣传广告，可以节省很多资金。

无论是通过电视广告还是报纸等途径来做广告，都需要一定的花费。然而，对于一些小型企业来说，根本就负担不起广告费用。因此，小型企业可能存在一定的资金难题，那可以尝试着通过互联网来宣传企业的产品或服务。

对于那些大企业而言，完全有能力支付广告费用。这样的企业可以根据自身的具体情况来选择营销方式。当然，通过电视或报纸来宣传企业的产品或服务也是行之有效的方式。因为，这会使更多人看到广告，从而产生购买商品的欲望。要知道，电视广告具有一定的力量。而有些人不喜欢上网，会选择买报纸或者杂志看，倘若企业在报纸刊登信息，那么也会被很多人看到。

无论是中小型企业，还是大型企业，都可以选择搜索广告的方式。因为，通过这种方式，既可以节省费用，又可以快速地发现被动买家。另外，通过搜索广告，可以在无形之中挖掘客户的潜在需求。对于企业来说，搜索广告的方式更有效率。

社交网络上谈及的内容

随着时代的发展，社交网络已经成为人们生活中的一部分。在日常生活中，那些涉及到社交关系的谈话之中，有大部分内容都和不在现场的人有关联。对于社交产品以及那些以社交行为作为基础的营销活动，导致那些涉及他人的谈话内容变得愈发重要。

在社交网络平台上，人们分享的主要是感受，而不一定是事实。研究表明，很多人渴望分享的并非是事实，而是感觉。在社交网络上，那些积极的、有趣的内容被分享的次数比较多一些。另外，那些被强调的内容被分享的次数会更多一些。因而，在平台上所发布的内容应该具有情绪感召力。

在日常生活之中，人们会面对面地进行交谈。无论内容是否有趣，人们都是想到什么就说什么。一般来说，最先进入大脑的内容都和当前所处的环境有关系。在和好友进行聊天时，即使自己想要说一些有意思的话题，也会考虑这个话题是否和当前的环境相符。在面对面和别人交谈时，为了给对方留下良好的印象，很多人都会刻意地设计自己说的话。在与熟人聊天时，一般聊的都是家常琐事，这也会受到当时环境的影响。在社交网络平台上，人们进行交流的情况就有所不同。在社交网络上进行交流，人们想要给对方留下某种印象，将会成为影响双方谈话的重要因素。

在现实生活当中，为了避免冷场，人们会进行交谈，受到环境的影响，常常会谈论当下的事物。然而，在社交网络上，人们进行交流时，并不会因为避免冷场而没话找话说。在社交网络上，大家都有时间进行思考，也不会受到环境的影响。通常，那些可以看到、摸到的物品更容易被人们所谈起。对于一些抽象的事物，人们一般都不会轻易地谈起。

最初，那些具有感召力的产品会经常被人们所谈论。然而，当新鲜感过去以后，人们就很少再谈起这种产品。另外，产品的使用频率也影响着被谈论的次数。通常，人们谈论那些大品牌的次数比谈论小品牌的次数要多，因为，大品牌更容易引起人们的关注。

企业可以在社交网络平台上谈论别人的帖子，这样能获得比较高的参与度。有些品牌鼓励人们在回帖时提及别人。投票是鼓动人们谈论企业的好办法。投票的方式轻松而随意，可以使人们有意无意地提及品牌。

在社交网络平台上进行营销，应该围绕着能引发强烈情感的内容来展开。因为，这些内容更容易被社交网络用户所分享。作为企业，倘若想让大众谈论自己的品牌，那么就要使品牌出现在大众的现实生活中。因为，大众所谈论的通常都是自己身边的事物。

随着互联网的发展，很多企业除了拥有实体店，还开设了网络商店，其实这是一种最便利的方式。在网上开店，不需要实体店，也不用为实体店的装修而浪费金钱和精力。开网店，成本比较低。倘若借助社交网络的力量，加大宣传的力度，开网店也能获得巨大的红利。

有人在朋友的介绍下加入朋友的网店。有人自己当老板，开网店卖衣服、首饰。无论在网上销售的是哪种产品，都需要营销。也就是说，开网店也需要做推广，宣传自己的产品。这样才可以获得客户资源，从而卖出商品，获得红利。

无论是有实体店的商家，还是那些在互联网上开店的创业者，都要和社交网络平台进行合作。要知道，产品的宣传关键在于信息的传播。一旦推广产品的信息被大众传播开，那么企业便会销售出大量商品，从而获得红利。

有些人会通过QQ和别人进行交流。通过QQ，人们可以认识更多人，获得更多资源。QQ并非只是好友之间交流的工具，还是获取资源的渠道。在QQ上，可以与陌生人沟通。在这些陌生人中，也许就有自己的潜在客户。

在互联网上，人们交谈的内容容易受到交谈对象的影响。有人在更新QQ签名时都要经过深思熟虑。有时候，在发信息之前，人们心中有明确的读者对象，但是，仍然会仔细地进行考虑。因为，他们担心自己所发的内容不能吸引别人，还担心那些内容会冒犯到别人。

通常，人们只关注积极的反馈。有时候，社交网络用户想要获得大量反馈，就会大量更新信息，却没有考虑到这样做也许会给别人传递无聊的信息。对于社交网络用户而言，应该注意自己发出信息的质量，尽量避免发一些没有意义的信息。

在公开的场合说话时，有人会逐句逐字斟酌。因为，很多人顾及自己的个人形象，要面子，怕自己说错话丢人。然而，在社交网络平台上，人们说话就不会那么过分讲究，尤其是不以实名身份出现时。值得注意的是，无论是企业还是社交网络用户，都应该注意自己所发布的信息质量，只有那些有价值、有意义的信息才容易被“点赞”、“转发”或“分享”。

无论是通过QQ聊天工具，还是通过微信，与别人进行交谈时，都要注意礼貌。在社交网络上向陌生人发起聊天时，可以这样说：“对不起，打扰一下……”在开始对话时，要说：“您好”；在结束对话时，要说：“再见”。

对于企业以及社交网络用户而言，在社交网络平台上和别人进行互动越来越普遍。注意发布信息的内容，还要注意和对方交谈时的语言。细节决定成败，注意谈话的细节很重要。当然，还需要根据双方的具体情况采取适合的交谈方式。

弱连接的力量不可忽视

在人际交往中，根据沟通交流的频率进行划分，可分为强连接与弱连接两种。强连接可能是你的亲友、搭档、客户或合作伙伴，弱连接可能是同学、朋友或者更广的关系。弱连接是针对强连接而言，从信息传播的角度来讲，二者有着同等重要的作用。

在查理柯克的《超级关系》一书中，他提到了弱连接这一词语。要谈弱连接这个关系，先得从人际关系学谈起。社会就是一张巨大的关系网，每一个人都有联系，或亲密或不那么亲密，其中越亲密的，就表现出越强的连接性，比如你和父母、挚友等，都是强连接的典型。相反，对于和那些只有一面之缘或不常见面的人，就属于弱关系。那么，强连接和弱连接关系，到底哪一个重要呢？其实都是非常重要的。对于交际来说，保持弱关系尤为可贵。

平时，人们可能会想当然地认为，强连接肯定比弱连接更好，但实际情况并不一定。有时在寻找工作的时候，可能不是亲朋好友这样的强关系帮你找到的，而是那些只有一面之缘，或者很少见面的朋友为你提供信息，从而让你找到工作的。根据很多人研究表明，在职场当中，通过弱连接来寻找工作比强连接更加可靠。

事实上，在找工作方面是这样，在信息的扩散传播方面，弱连接的作用同样如此。现代社会，有了像Facebook这样的社交网络平台，我们可以和亲人、挚友保持联系。不过，这些社交网络从社会资本的角度，让多连接与以前大不相同，也就是弱连接越发重要。在社交网络出现之前，我们可能会同那些存在弱连接的朋友失去联系，从此寻觅不到踪影，但是现在不同，不但能保持联系，而且能保持稳固的联系。

从20实际70年代以来，人们进行了大量关于人际关系学的研究，研究表明，弱连接携带着大量的社会资本。在工作中，我们常会雇用或者受雇于那些认识而不熟悉或者不认识的人，而非熟悉的家人、同学或朋友。弱连接在人群中还扮演者重要的沟通桥梁作用，为网络成员提供一种信息优势。

对绝大部分人来说，社交网络的特点是有少数几个强联系（比如和家人、朋友的联系）和众多维多联系的结合。联系的准确数量和种类因人而异，然而每个人都有一定的极限，无法为此极限之外的联系。英国人类学家罗宾·邓巴曾经提出了邓巴数，即个体能够维持的稳定社会关系认知极限数为150左右。后来，人们又进一步研究社交网络发现，即便是沟通便捷的社交网络，也不会增加邓巴数。因为，人类对于能稳定维持的紧密关系有个生理极限。

哈佛商学院教授米古拉·皮斯科尔斯基曾经研究过人际关系学，其中有一方面是关于社交网络如何改变人际关系，以及公司如何利用社交网络来获得成功的。下面，让我们看一看米古拉·皮斯科尔斯的研究内容：

大众媒体、博主和一些学术够经常警告我们说，互联网尤其是社交网络的使我们变得孤僻和疏远。在先社交网络明显让我们把注意力集中在微弱的线上关系，使我们忽略了更深层、更有意义的离线关系。

然而，有一种观点认为，通过改善强烈和微弱的社交关系，在线社交网络更满意我们的社会生活。尤其是像Facebook、Twitter这中大型社交网络，让我们可以有效地参与到我们感兴趣的生活中去，并且不受到距离的阻碍。同时，社交网络有助于人们维持有价值的熟人关系，没有社交网络，这样的关系很快就会土崩瓦解。还有，在线社交网络可以让人们亲近那些在离线世界里无法接触的人和事。随着时间的推移，当在线关系越来越多，会促进建立那些有意义的离线关系，使人们的关系更加广阔和立体……

当然，古拉·皮斯科尔斯基也认同，两种观点都有自己的道理，不过，总是有人因为在线媒体的关系，变得更加孤立或联系更多，这要因人而异。针对不同观点的争论，只有数据更有说服力，而研究数据显示，第二种观点更为正确。数据显示，使用Facebook这样的社交网络，能够改善人对网络的认知和心理健康。社交网站对维持熟人关系有着重要作用，但让用户更满意的是，它能够帮助人们维持或者加深那些离线关系。

这是为什么呢？因为社交网络上有很多活跃的用户，这其中包括认识的或不认识的。而只要你在自己的社交网络上比较活跃，不定期发发照片、文章、视频等，就会吸引很多社交网络用户的点击，而从这些互动的行为过程中，就能将弱关系变成强关系。

对那些在社交网络上寻找客户源的企业，研究结果意义更加深远。很多公司都在使用Facebook、Twitter这样的平台寻求客户，但是有的却收效甚微。当然，出现这样的窘况并不为奇：因为很多人利用这种社交网络，并不是直接来寻找产品和服务的，而是来聊天交友或者玩游戏的，不会带有明显的商业目的。不过，这并不妨碍公司利用社交网络来寻找客户，相反，只要转变思路，就能把广大的网络用户变成真实的顾客。

那么，公司如何转变思路，将这些弱关系变成强关系呢？从试图和客户成为朋友，转变为帮助客户建立和改善人际关系。通过各种友善的行为，切实让大家获得好感，以赢得对方的信任。只要维持好弱关系，或者将弱关系变成强关系，公司就可以利用较少的宣传成本销售出更多的产品，创立起公司的品牌荣誉。

社交网络助力小企业发展

许多中小企业尤其是个体企业，由于面临资金、技术等方面的难题，在激烈的市场竞争中，不少都纷纷倒闭，即便是能坚持经营的，也只能在夹缝中寻求生存。自从社交网络平台兴起后，中小企业开始有了发展壮大带来了重要的契机。为此，不管中小企业和还是个体户，充分利用空间、博客、微博、微信等社交网络，是生存和发展的战略之道。

我们说社交网络对中小企业的发展至关重要，那么，中小企业如何使用社交网络并且从中获益的呢？首先，我们来看看以下一组数据：在美国，企业使用的社交网络平台比例中，Twitter最高，占据了78%，Facebook紧随其后，占据了75%，这两个社交网络平台是主流。另外，还有Linkedin占30%，Wordpress占22%，Flickr占13%，Tumblr占11%，Blogger占10%。

统计还显示，很多发展较好的中小企业，都很重视建设自己的自己的社交网络，并且有的企业拥有不止一家网络平台。企业会坚持在社交网络上发表文章，以获取较高的点击率。同时，坚持与客户互动，保持客户的热情，提升社交网络阵地的活跃度。

Facebook、Twitter和Linkedin这样的社交网络，最大的优点是你可以从小做起，通过一点一滴的积累，逐渐发展壮大。类似的社交网络平台，刚开始注册是都是免费的，只需要每天花费一定的时间经营基本页面即可。倘若决定利用专业和客户或潜在的客户进行沟通，那就要定期更新内容。当然，没有必要每天都更新，因为没有那位用户会每天浏览你的网页，况且他们知道你有公司需要经营。所以，你只要是坚持，必然会得到持续关注。

美国有一家名为ABCey Events的活动策划公司，主要经营范围是旧金山湾区，曾经为Adobe等知名大公司做过活动策划。如今，公司已经发展壮大，但是依然坚持在社交网络上与客户打交道，直接像客户宣传自己的产品和服务。

实际上，公司在2007年创立之初，所有的销售都是利用电话开始的。由于没有与客户直接接触的机会，每一单销售都需要盲目打电话，直到寻找到客户为止。因为传统销售方式有很多弊端，又正好赶上社交网络的兴起，他们开始使用社交网络。

面对激烈的竞争，为了提升企业的表现和可见性，企业使用了包括Facebook、Twitter在内的多个社交网络平台。在这样的社交网络上，通过新增加的好友和关注者，顾客得到了快速增长，而这种增长是以极低廉的成本换来的。公司一位领导说：自从我们从社交网络上获益以后，社会化媒体网络就已经成为了我们最重要的宣传工具，也成为公司销售线索的主要来源。如今已经建立了自己的社交地图，今后也一定会坚持使用社交网络。

该公司还使用博客，以此吸引并留住粉丝和关注者。博文内容简短、睿智，只需要短短的几行，就足以吸引读者的眼球。博客的发展，又将博客上的分数引导到了Facebook这样的社会化媒体网站。社交网络的粉丝越来越多，每次小小的“点赞”、转载行为，都为公司带来不小的隐形效益。如今，从活动照片到用户生动的评论，Facebook成为了公司与顾客交流的桥梁，也成为了宣传产品和服务的利器。

Facebook是把工作和私人生活分离开来的重要途径，但是英文需要维护独立的网络存在和联系人名单，Facebook专业产生了管理费用。如果没有个人主页，也许要耗费超过两倍的时间和精力去经营专页。

为此，在下列情形中，最好使用个人主页：这是一个人的表演，并且自己和客户之间有着非常重要的私人关系；对Facebook依然持有观望态度，并且承诺使用更多资源之前，想开展市场测试；感觉请求朋友或客户对专业“点赞”会很尴尬，不愿意这样行动；会对专页“点赞”的用户当中，有很多已经成为了你个人主页上的好友；你的个人主页内容保持很高的质量，没有分享那些不够专业或者完全不适合的内容。

斯科特·纽曼是芝加哥市的一名地产代理商，他认为，他没有任何需要隐藏的内容，希望客户以及潜在的客户可以对他的个性有全面的认识。在业务中使用个人主页，能让自己和客户实现高度的互动化。虽然Facebook会限制人们在个人主页上开展商业活动，但是对于那些中小型企业或个体户而言，只要能在个人主页上展示出自己的个性就可以了。

对于那些小企而言，根本无法支配客户在何时购买自己的服务或产品，但是，当客户在市场上准备购买时，又想要确保自己成为客户的首选。这就是实施软性营销的艺术，无论你从事的是什么行业，道理都是如此。有时候，我们可以通过开展各种线上线下的活动，刺激人们的消费欲望，鼓励人们购买自己的产品。

很多小企业的所有者会发现，自己每天忙忙碌碌，弄得焦头烂额，但是成效并不明显。拿地产中介来说，哪一方面更重要呢？是带有兴趣的卖家去实地考察房子呢，还是在Facebook上上传一些专业性的推广文章呢？当然，不同的人会有不同的观点。表面上看，立刻带客户去看房子是最重要的事情，实际上，从长远考虑，上传文章吸引客户是更重要的战略。因为，这样能够挖掘更多潜在客户，刺激他们的购买欲望。

那么，如何在社交网络上分配时间比较好呢？

首先，不要为每天的更新感到压力，只需要每周更新一次或两三次，就可以成功搭建活跃的网络社区。其次，某一时间设计出几条可以上传的内容，然后搁置着，间隔一定的时间发布一条，这就不用每天都设计并上传新的内容。再次，制作账户链接。通过嵌入式技术将其他的网络页面镶嵌其中，让客户去点击浏览。最后，利用社会化媒体监测和管理工具。现今，有很多Twitter管理工具，如Hearsay Labs就开发出了一款小企业解决方案，可以集中Facebook、Twitter等主流社交网络的客户活动。这样，公司就可以有效地追踪客户上传内容，以及客户活跃的动态，从而对潜在客户开展宣传活动。

第六章 在线形象，注重评估和提升点赞数

开设电子商店的朋友，通常会说自己“点击量不行”或“流量爆破”等行话，其实，无论是点击量还是流量，都代表着用户关注你所搭建的网络平台的数量。倘若企业重视在线形象，就要利用网络用户的点赞、分享与评论行为带来的流量，利用社交网络媒体做好公关，尤其是依托微信“摇一摇”、“漂流瓶”、“朋友圈”等功能提升人气，培养起客户的忠诚度与信任感，为企业树立品牌形象。

积极树立品牌形象

就个人层面而言，社交网络的资料是个人品牌的新模式。从商业的角度来说，在建立企业以及产品品牌差异化的过程中，通过资料数据使目标信息传达到正确人群的过程中，有着巨大的商机。因此，企业应该积极地树立品牌形象，这有利于企业的发展。

社交网站传达用户身份，状态信息栏以及个人资料是建立个人品牌的支撑。有人认为，个人的一些网络资料信息，实质是对自我的快捷介绍。对于那些平时不经常交流的朋友，个人资料实质是对最新动态的快捷总结。

对于社交网络而言，建立个人品牌至关重要。个人品牌就是声誉。个人品牌能改变别人对自己的态度，并且会影响别人对自己的信任程度。在当今社会，自由职业者越来越多，个人品牌会影响自己的工作以及就业的机会。

其实，建立个人品牌的过程是使个人作为品牌推向市场的过程，主要是为自己建立独特的身份，从而更好地寻求职业发展。社会化技术迫使这个世界上的每个人都成为个人品牌的市场推广人。在建立个人品牌的过程中，要谨慎一些。

在建立个人品牌的过程中，第一步就是要主动地去发掘品牌的特质。想要确定自己的品牌价值和属性，找出自己和业内竞争者的区别，就应该把个人的实力和远景目标都完全体现出来。只有这样，才不用重复品牌的建立过程。

在每个地方保留自己的全名，可以保护自己的个人品牌。争取在别人之前拥有个人的数字产权。注册域名（个人的名字.com）以及在与个人品牌相关的网站抢注个人全名账户。设置专门的系统，管理个人的网络声誉。掌握个人品牌动向，为个人的名字设置综合的搜索快讯。一旦自己的名字出现在别人的博客或者新闻当中，就可以在第一时间获取消息。要知道，倘若忽略观察，那么便会得到负面的口碑，在社交网络上快速传播开。

选择照片、格言、名称或者主题，并且持续使用。个人品牌和企业品牌一样，品牌应该具有一致性。也就是说，无论是在线还是离线，都应该展示相同的形象。为自己拍摄专业头像照，并且把它看成是自己在社交网站的化身，放在博客、网站或者名片中。

发布信息可以使别人对自己有所了解，而并非是把简历放在网络上面。简历并非不可以突出自己的特性。通过发布消息的方式，可以在网上主动发出声音。自己所发布的消息可以使自己更具可信性，和更多的人获取联系。

在当今社会，很多企业需要的都是有思想、有创意的人才。所以，近些年上网变得越来越重要。一直以来，市场上的品牌宣传的是广告企业认为客户所需要的信息，从来没有认真地倾听客户的心声。品牌作为一种无形的超大实体，但如果和客户却没有联系，人们也就不会再相信品牌。

个人能在社交网络上建立个人品牌，企业也能利用社交网络来传播企业的身份、价值以及计划，从而赢得客户的信任，建立起自己的品牌。有了各种关系以及身份资料，社交网站使人具有个人化的感觉。社交网站为企业品牌身份带来新鲜的活力。

如今的企业使商业行为、社区参与以及自身的不足等内容公之于众，从公开中得到收获。客户想要了解的并不仅仅是商业运作，还想了解整个供应链条，从而保证生产厂商以及供应商采取友善的方法。

客户想获得发表个人意见的渠道，并且希望自己的意见可以在产品制作、投诉处理以及社区计划的过程中起到作用。提升客户的参与度，能使企业形象得到提升，还可以创造机会，把品牌和产品展示给用户。

在社交网络时代以前，有些企业的数字市场营销主要以活动作为核心，针对特定的交易，优化市场营销。可以说，一切都是围绕点击率以及转化率来进行。在社交网络时代，企业陷入困境，在对客户关系长期目标进行优化这方面遇到困难。如今，企业的目标并不是追求点击率，而是赢得客户忠诚度。作为企业，应该积极树立品牌形象，这对营销会起到一定的作用。一旦企业获得良好的口碑，宣传产品就不是难事。

社交媒体是公关利器

社交媒体出现以后，使得公关与在线营销的界限不再那么明显，尤其微信出现以后，这样的界限更是越来越模糊。如今，社交网络媒体在每个用户手中，都可以成为搞好公关、树立良好形象的工具。而且，在过去的几十年里，这种公关效果只有大型的广告机构才能做到。

从一定程度上来说，社交媒体和传统的公关具有互补性，能相互增强、相得益彰，不过二者之间的差别也很明显，而真正懂得利用社交媒体进行公关的人，会尊重这种差别。

公关是公共关系的简称，是获得公众关注的艺术，它一般是经过传统媒体的报道，例如：报纸、杂志、期刊、电视、广播等。不过，随着互联网不断发展，公关的媒介宣传媒介从传统媒介像网络媒介发展，如今社交网络媒体更是成为了公关的基地。比如的微博、微信、网络版的杂志、视频网站等。

实际上，在互联网出现之前，公关需要有媒体策划，尤其是要找在广播台、电视台、杂志社等工作的人员。然而，如今随着博客、微信等社交媒介的新奇，每个人都能成为公关力量，而且依靠这样的平民力量，可以发挥强大的威力。那些在网络上发表内容或进行评论的人，通常只是没有经过任何专业公关培训的普通网络用户，也可能没有在某个新闻机构工作，但是他们在网站上随意发表自己的意见，人越来越多，无形中起到舆论监督和导向作用。

如今，新的新闻机构都开始接受平民记者的报道，并且开始平民记者，如CNN还专门为用户开设了上传现场视频、手机图片等多种渠道。人们可以使用手机适时发布文字、照片等，短时间内就能让消息传播出去，加上社交网络设置的“点赞”、“转载”、“分享”等功能，圈子里的网友只需轻轻一点，便可以加速信息的传播和扩散。

平民记者的崛起吸引了很多关注，对传统媒体来说，直接的影响是导致广告收入和订阅量骤减，有些报纸、杂志等媒体不得不考虑缩减报道的篇幅量。比如评论类的文章就受到了社交网络媒体的冲击，因为无论是书评、影评还是社会新闻评论，都可以在社交网站上找到铺天盖地的信息，而且这些网络信息的质量和数量，较传统媒体有过之而无不及。

网络社交媒体的信息其实和传统媒体是类似的，只是转变了信息载体而已。虽然传统媒体的影响力已经大不如前，但由于人们陆续在使用新兴的媒体，所以依然是重要的公关渠道。比如想要给记者寄信、发邮件等，可以先从社交网络媒体上找到他们并与之沟通。很多传统媒体的工作人员都有通过实名认证的博客、微博等，这让人们更便捷地找到他们。更重要的是，通过社交网络媒体与之对话，不像用邮件等沟通那样显得生硬，我们也不再为要面对面谈话感到害羞而烦恼。

为了适应时代发展的潮流，传统人都搭建了社交网络平台。其实，我们也可以在互联网上创建一个类似一站式媒体的页面，同时加上自己的社交媒体网站，向你的受众提供丰富的内容，介绍自己或所在企业的产品、服务。

社交网络媒体的环境和形式较传统媒体有很大的差别。社交网络媒体摒弃了那些客套、枯燥的信息，采用对话的形式，使信息看起来更加人性化，受众也就更容易接受。一般来说，社交网络媒体的用户并不希望自己的信息被报道。他们更喜欢自己的读者通过使人邮件、站内信或者在线对话交流的方式与他们直接沟通。

社交网络媒体用户通常会发布信息，倘若一段文字、一张图片或一段音视频在网上广泛传播，说明它有很吸引人的地方。当然，对于优质的内容，用户都会自发“顶一个”、“赞一个”，并主动将内容发送给自己的朋友分享。有时候，社交网络上的内容会被传统媒体反复刊登，这对信息的传播起到推波助澜的作用。在新媒体时代，从公关的角度来说，在按下“发送”按钮之后，发布者都会失去掌控信息的能力。所以，你也许不会喜欢记者或博主对你的公司和产品的描述，也可能不赞同他们的说法，但是你无法扭转那种相对失控的局面，所以在社交网络媒体发布信息时，要三思而行。

倘若你有一篇新的文章、一段好的音频或视频要发表，可以在Facebook、Twitter等这样的大型社区网络发表，也可以在微博、微信这样容量相对较小的平台上发表，与你的亲朋好友们分享。倘若信息量比较大，在创作过程中遗漏掉了某些信息，可以单独列出，并且附上相应的链接，以便网络用户能通过链接进行查看。为了获得最好的宣传效果，应当保证内容中包含有你的网站或其他社交网络页面的链接地址，让用户看到你的主题页面。发布前不要忽略“标签”栏，制作好的标签，可以增加你的信息被检索到的概率。

虽然传统媒体和网络社交媒体之间的界限变得模糊，但是消费者依然可以从传统公共中获得一些好处，而寻求曝光度的公司，也拥有了比以往更多的展示自己的渠道。当然，微博、微信这样的平台代表着潮流和趋势，它们能够增加公共的效率，在大众面前处理良好的形象，同时还可以为个人和企业提供强大的、全球互联的公关平台，所以一定要利用好。

品牌营销依托微信朋友圈

微信朋友圈是微信上的一个重要功能。最初，微信上有“身边的人”和“摇一摇”的功能，后来微信版本继续更新，设计者开发出了“朋友圈”这个功能。微信用户可以把手机应用、PC客户端以及网站中的内容分享到微信朋友圈中。

在社会发展的过程中，科技在不断地进步。在发明照片以后，人们的生活从此增添了很多乐趣。在现实生活中，有些人喜欢将自己的照片和朋友分享。在智能手机普及之前，人们只可以面对面地分享照片，包括纸质照片和数码照片。然而，在社交网络中，只要在照片下方配上文字说明，然后在微信朋友圈中发布，就可以快速地和好友分享自己的照片。

照片是手机的固有属性，可以说，每个人的手机中都有大量照片。微信4.0版本的主要功能就是“朋友圈”，这是微信在互动上的延伸。在微信朋友圈中所分享的主要内容就是个人相册。当微信聚焦在照片上时，“朋友圈”就会产生强大的能量。

上传、分享照片是对移动社交的简单操作，倘若可以使用户把个人照片拿到应用之中，就能产生一定的效果。对于手机应用来说，不适合于大篇幅的文字，因为，书写、阅读都不方便。围绕着照片所展开的移动社交具有强大的能量，“朋友圈”的使用，恰巧可以证明这一点。

在初期，微信通过“附近的人”这个功能成功打败“米聊”等同类产品，很多用户转移到微信平台。之后，微信又更新“漂流瓶”和“摇一摇”。为了保持自己的竞争力，微信随后又推出“朋友圈”功能。随着大量用户对“朋友圈”的使用，产生了很多新的乐趣。其中，有用户自己所更新的内容，也有别人相册留下的内容，这些内容可以提高用户更换成本。“朋友圈”的功能巩固了微信的地位。

一般来说，当自己准备添加一个好友时，会先看一看这个人的基本资料。倘若对方的资料上有照片，那么就会仔细地看看照片。很多人都喜欢去看别人的相册，这主要源于好奇心。对于社交网络应用而言，使用户上传自己的照片至关重要。

大部分社交网络用户都有分享照片的习惯，而微信朋友圈为广大的用户提供分享的舞台。也可以说，朋友圈给用户提供了展示、分享自己生活的平台。当我们自己更新微信朋友圈中的相册时，微信好友就会进行关注，并且会在恰当的情况下“点赞”，以表示好友对我们的关注。在微信朋友圈的主页，右上角的相机图标也起到一定的作用。

在微信朋友圈中，用户所发布的照片可以被所有微信好友看到。用户可以单独进行设置，使某人看不到自己的照片，或者把几个人都踢出朋友圈，进行批量设置。作为微信好友，可以评论或者“点赞”。值得注意的是，只有用户本身和评论他的好友可以看到评论。也就是说，当你在微信朋友圈中看到微信好友的照片时，并不会看到陌生人的评论。随着微信4.3版本的推出，微信从沟通工具逐渐变成移动平台，微信朋友圈出现了“分享页”。

消费者对移动互联网的需求在逐渐地增加。据悉，微信计划与更多品牌商家进行合作。通过扫描二维码等渠道，给广大用户带来全新的消费方式。自2012年8月28日起，咖啡巨头星巴克入驻微信。用户只要在微信中搜索“星巴克中国”，或者扫描二维码，就可以添加其为好友。

星巴克指出，微信代表一种全新的生活方式，给人们提供丰富的聊天模式，拉近人与人之间的距离。依靠着腾讯强大的账号体系，能使更多线上和线下用户享受互联网的便捷。微信和星巴克进行合作，破除了传统商业经营模式的弊端。

业内人士指出，在线上进行营销，微信表现出个性化、及时性、互动性较强的优势，这些优势促使微信走在时代的最前沿。通过微信，使精准的消费者群转移到线上，企业可以在线上和消费者进行互动，发布企业信息。促使消费者培养新的消费习惯，这对于提升品牌价值具有一定的意义。品牌营销需要依托微信“朋友圈”的力量，通过微信“朋友圈”，企业可以获得更多新客户，还可以快速地宣传信息。

微信是一种营销利器

跟那些大获成功的互联网产品不同，微信用户全部是智能移动终端用户。计算机互联网的崛起，带来人类历史上第三次工业革命。移动互联网的兴起，使人类科技革命的整体格局发生了变化。

移动互联网的出现，促成了智能手机和3G网络的普及，同时还为人们带来基于移动设备所开发的各类实用好玩儿的应用。随着这一切的到来，人类进入移动互联网时代。在移动互联网时代，迅速崛起的微信平台，被广大智能手机用户所使用。

微信是一种通信工具，具有多种功能。使用微信，可以为用户节省资费。与手机短信相比，使用微信更加便捷，可以实现跨平台沟通。在微信中，用户能发送文字、语音、图片以及视频等各种信息，还可以进行群聊。随着微信4.5版的推出，群视频功能和对讲机功能得到很大的提高。微信具有一个优点，那就是信息传播接收率很高，别的产品根本达不到。

通过微信来营销，效果主要取决于信息的到达率。微信和手机短信以及邮件群发被大量过滤不一样，微信公众账号所群发的每条信息都可以完整无误地向终端手机发送，送达率是其他渠道无法比拟的。

曝光率是作为衡量信息发布效果的指标。信息曝光率以及到达率有所不同，用微信和微博进行对比就不难发现，微信信息具有很高的曝光率。在采用微博营销的过程当中，一些技巧性较强的文案和关注度较高的事件被转发以后会获得较高曝光率。然而，那些直接发布的广告却快速被淹没在动态当中。微信由移动即时通讯工具衍生出来，因此，微信具有较强的提醒力度，例如：角标、铃声以及通知中心消息停驻等，可以随时提醒收到信息的用户。

微信的普及性成为营销的基础。在微信公众账号的粉丝中，大部分是主动订阅的。在微信中，根本不存在垃圾信息遭致抵触的问题。微信具有高精准度，实际上，用户群体高度集中且粉丝数量庞大的垂直行业的微信账号，才是营销资源和推广渠道。例如：B2B类行业的知名网站72247，其商务旗下的B2B头条微信号拥有将近万名粉丝，这些粉丝主要由制造厂、B2B类营销机构以及经销商所构成。在这些精准的用户粉丝中，每个粉丝都是潜在顾客。

微信具有高便利性的特点。移动终端的便利性增强微信营销的高效性。和PC电脑相比较，智能手机可以拥有PC电脑所拥有的所有功能，并且智能手机携带更加方便。通过智能手机，用户可以随时随地获取自己所需要的信息，这会给企业的营销带来方便。

微信有多种功能，例如：“漂流瓶”、“查看附近的人”以及“摇一摇”等功能。微信的诸多功能看上去十分简单，然而，进行深入研究以后，充分利用，这些功能都可以转化成十分有效的营销利器。

有位电信界的人士认为，无论是微博还是短信，和客户进行沟通都不如微信更深刻。微信的最大优势就是做服务，通过服务，促进客户进行多次消费。如今，那些微信营销做得比较好的商家，大部分需要客户反复购买的商家，其地域性相当强，例如：KTV、餐饮、培训以及美容美发等。这些行业的微信使用得相当厉害，其效果特别好。

对于企业而言，有了微信公众账号以后，该如何告知广大群众呢？在生成微信二维码以后，把QQ号、微信号以及昵称做成banner，把其放在店铺的首页以及商品详情页面里，注意放在比较醒目的位置。这样，可以使客户在进入页面时一眼就能看到。另外，企业可以把微信公众账号做成卡片，将其随商品一同寄出。这样，买家看到商品时就可以看到企业的微信公众账号。

值得注意的是，在粉丝这个问题上，企业应该注重质量，而不是数量。倘若微信粉丝很多，但是大部分都是死粉，这样的粉丝常年不上线，那么就等于没有这些粉丝。因此，企业应该追求互动性强、质量高的粉丝，重点发展那些有购买记录或者购买意向的粉丝。

对于有资金实力的企业来说，可以展开微信抽奖活动，发放具体的实物作为奖励。当用户拿到奖品以后，应该让用户和奖品合影，然后用微信公众账号把照片发给粉丝，增加商家的公信力。倘若企业的资金不足，那么可以进行一些“关注微信送好礼”的活动，例如：只要用户关注企业的微信公众账号，那么便会得到虚拟的奖励。

作为企业，应该注意信息的推送时间和内容。别频繁地推送质量不高的内容，因为，这样企业容易“掉粉”。企业应该根据商品自行编写内容，例如：经营服装的商家可以发送一些服饰搭配的内容。要注意，无论发送什么内容，都要在内容的结尾附上促销信息和链接。添加URL链接，别直接粘贴商品链接，因为那样容易被系统所屏蔽。

无论做怎样的营销活动，都应该做效果评估。企业可以使用软件统计，发布优惠密码，以此来进行统计。企业在每个阶段所发布的优惠密码不一样，那些告知企业客服优惠密码的用户，能够得到相应的优惠。然而，这个方式需要进行人工统计分析。衡量微信的效果具有多种方式，销售额和点击率是目前业内较为成熟的检测方法。当企业微信公众账号新增一些粉丝时，可以关注内容承载页的点击率。

通过社交网络促销产品

企业做客户数据库营销，全部利润都来源于产品促销。通过产品促销，企业可以获得大量利润。最初做产品促销时，有些客户已经购买过企业的产品。客户第一次购买产品是想确认产品是否对自己有帮助。在第一次购买产品时，客户不一定会对企业产生信任。

在客户没有完全信任企业时，客户的购买力并没有达到最大。此时，客户对企业的需求仍然停留在表面上。企业可以不断地跟踪客户，给客户提供需求，增加客户购买的几率。在客户购买完产品以后，如果企业没有做好跟踪的工作，那么客户就不会再购买企业的产品，这样，企业就失去了获得利润的机会。

作为营销人员，应该认真研究，定位目标客户群。无论是企业还是营销人员，掌握营销技巧至关重要。对于任何企业来说，要想获得更高的利润，就应该采取适当的促销方式。通过促销，可以提升客户对企业的信任。

随着互联网的发展，微信崛起，企业和创业者都能利用微信来进行营销。自从微信公众账号出现以后，众多企业都开通了公众号，并在公众平台上进行推广。在微信朋友圈，人们可以分享一些有价值的信息。有人看到自己感兴趣的信息，就会“点赞”或“分享”。

企业或创业者可以通过QQ空间、微博和微信朋友圈的力量来进行促销。

社交网络用户可以在QQ空间发布信息，例如：生活小知识、名人名言、笑话、烹饪常识等。只要是可以带给人们帮助的信息，人们就会“点赞”、“评论”、“转发”或“收藏”。主动“点赞”的人越多，那么就证明信息质量高，信息传播的效果就越好。

有QQ号的企业可以在QQ空间中发布一些优质的文章，文章不一定要长篇大论，但是要有吸引力。由于工作忙碌，人们几乎没有太多休闲的时间。在地铁、公交站、街道等地方，随处都可以见到低头看手机的人，也就是当下流行的“低头族”。这些人根本就没有过多娱乐、休闲的时间，他们只能通过手机来娱乐，例如：玩游戏、网购、看新闻等。如今，很多人都有QQ号，大部分人都开通了QQ空间，当看到QQ好友在空间里发表文章时，用户就会“点赞”，并转载、分享文章。

对于企业和创业者来说，如果有QQ号的话，应该善于利用QQ空间的力量来做产品促销。有些人不喜欢自己写文章，喜欢从别的空间转载文章，这其实就是给了企业和创业者做产品促销的机会。企业或创业者可以在空间中发布信息，在信息中加入产品促销的内容，这样，企业或创业人员就能从他人转载的行为中宣传自己的产品或服务。

随着微信公众账号的崛起，有一些企业开通公众账号。通过微信公众账号，企业能进行产品促销。在公众平台发布信息，就会有人关注企业。有普通微信号的企业可以通过朋友圈来推广公众账号的二维码。有人看到信息后就会和好友分享，使更多的人关注企业。

企业可以通过微信的朋友圈来做产品促销，在朋友圈有“点赞”、“分享”等功能。通过这些简单的操作，信息会被传播出去。因此，在朋友圈做促销也是一种不错的方法。对于本地营销来说，适合开通普通的微信号，通过“附近的人”等功能，挖掘潜在客户。

在社交网络中，人们喜欢分享有价值的信息，在“点赞”、“分享”等互动之中，企业可以宣传产品或服务。通过促销，企业可以获得更多润。在社交网络平台做产品促销也可以起到良好的效果。

随着社交网络的发展，企业的产品促销离不开网络。在微信朋友圈、微博和QQ空间的互动可以使企业信息被更多人所关注。在互动中，企业便顺利地宣传自己的产品或服务。因此，企业和创业者不应该轻视社交网络的力量，应该懂得善于利用社交网络的力量，进行产品推广，促销产品或服务。

充分利用线上和线下活动

企业展开网上活动，通过社交网络的力量，把企业在现实生活中的宣传转移到社交网络上，这样就可以扩大事件所带来的影响，并且扩大事件所涉及的范围。在社交网络上展开活动具有一定的优势，并不会受到地域、天气以及交通的限制。

企业展开线下宣传活动时，应该着重考虑怎样通过社交网络提供实时参与的机会。企业要安排专门的工作人员，负责拍摄数码硬盘。在活动进行时，上传到社交网站上。

在活动的现场，可以发布博客，上传演讲者、活动以及活动参与人员的照片。进行活动时，在社交网络上进行实时聊天，可以上传手机拍摄的照片或视频。这样，可以使观众获得身临其境的感觉。在上传视频之前，应声明参与者也许会被录影，从而避免版权纠纷。企业可以在活动入场券上注明，所有参与者都可能被拍照或录像，从而获得活动参与者的许可。

通过社交网络平台，企业可以发布线下活动的相关内容。使与会者可以有机会在网站上撰写博客，在活动举办的过程中，邀请对方在博客上发表相关的内容。企业可以在社交网络上开辟专门区域，使参与人员和演讲者上传评论。

企业可以在社交网络上举行论坛，使那些无法参加活动的人在线和专家对话，从而解决疑难问题。企业应该邀请演讲者在网络上提供额外的信息，最好提供一些相关材料的链接。然后，企业可以把这些材料放进自己的社交媒体网站上。

企业要允许社交媒体的关注者通过网络进行提问，也可以通过活动现场的主持人来提出问题。之后，可以通过博客把答案发布出去。对于虚拟交易会和网络研讨会来说，要选择相应的策略。在线上展开活动，没有举办场所、空间、时间的限制，因此，可以使活动在社交网络上持续很久。对于线上活动来说，只要有人在关注，就可以使活动继续下去。

对于企业而言，举办线下活动之前，可以在线上宣传活动，鼓励更多人参与线下活动。要知道，通过网络宣传，可以使信息快速被传播出去。对于一些设有奖励的活动，可以通过新浪微博以及微信朋友圈来进行推广。当用户看到信息时，会主动“点赞”，积极参与，并且推荐好友参与活动。获利冲动可以驱使很多社交网络用户参与活动。

企业要在线上展开活动，要注意奖励的设置。虽然是在线上进行活动，但是也可以以用具体的实物作为奖励，从而吸引广大用户参与进来。当然，企业也能用虚拟的奖励来吸引用户。在举办活动之前，要在微博以及微信朋友圈进行推广，这样可以取得良好的效果。

无论是线上活动还是线下活动，都应该注意活动前的推广。充分利用社交网络的资源，将活动信息传播出去。企业可以在论坛上发布活动信息，提前几天发布，以便更多用户看到信息。随着互联网的普及，社交网络具有不可估量的传播力量，可以快速将信息传递给广大群众。这样，就可以吸引众多设计网络用户的参与，更好地宣传企业的产品和服务。总之，企业要充分利用社交网络的力量，定期展开线上、线下活动。

通过线上、线下活动，企业可以有效地宣传产品。展开活动以后，可以扩大品牌的知名度，让更多人关注企业。一个企业要想发展起来，就要注重营销策略，可以说，举办活动也是一种营销策略。也许前期举办活动要投入资金，但是，这种投入可以获得长期的收益。

其实，在线上展开活动的投入并不会很大。因为，在线上展开活动可以节省场地费用。另外，在线上展开活动，可以设置虚拟的礼物，从而节省实物奖励所引起的花费。对于中小型企业来说，适合选择线上活动。对于大型企业来说，选择线下活动很有必要，然而，线上活动也是较好的选择。企业应该根据企业内部情况以及产品特征来选择合适的活动方式，从而推广自己的产品或服务，扩大品牌知名度。

企业应该充分利用线上、线下活动，在社交网络上，通过用户的“点赞”等互动行为来传播活动信息，从而吸引更多人参与活动。通过活动的举办，不仅可以扩大企业的品牌知名度，还可以增强企业与老客户之间的互动，加深老客户对企业的信任。

培训行业的微信营销

随着经济的发展，人们面临的压力越来越大。企业应该学习新的思维，这样才可以快速成长起来。作为企业领导人，会把大量时间花在管理上，这样就没有时间学习。然而，如果领导人不学习的话，那么企业就难以做得越来越大。因为，知识更新的速度越来越快。

不管是企业领导人，还是创业者，如果想在事业上获得更大的成功，那么就要不断地学习，知道得多一些、创新思维更强一些。作为老板，应该懂得管理、战略布局、资本运作、股权分配和网络营销。

有一些不喜欢学习的领导总是靠经验做事，这样难以把企业做得更大。自己的经验适合管理之前的企业，要知道，社会在不断地改变，市场也在不断地改变。如果不能赶上变化的速度，那么就会落后，被社会所淘汰。在当今社会，有很多培训机构。中国企业的发展要依靠培训行业的推动。可以说，培训行业是中国企业的领路人。因此，培训行业的价值不可否认。微信是商业化的人脉关系工具。把微信用在培训行业中，也可以获得良好的效果。

培训机构可以开公开课，让人们免费试听，然后再开面授课程。如果培训机构用打电话的方式来销售课程，那么就需要招聘一些电话销售员，这样，就会有大量业务流失。另外，通过电话营销的方式销售课程会打扰到客户。

电话营销采取撒网的方式捕捉一些意向客户，拒绝率高达80%，甚至是90%以上。如今，电话营销越来越难做。在社会上有很多培训机构，例如：电脑培训、英语培训、书法培训、化妆培训等。这些培训机构缺少一些系统，例如：自动沟通系统、高价销售系统等。然而，微信的出现将会给培训机构带来便利。

培训行业也能玩转微信营销。其实，培训行业在做的事情就是销售方法、思想，卖的并不是实物产品。因此，培训机构可以通过微信向客户传递价值，为机构的会员提供服务。可以说，培训行业卖的是智慧，每个月都会有大量课程。因此，培训机构应该选择订阅号来进行营销。通过微信订阅号，企业每天都能向潜在目标客户发送一条消息。

培训机构还可以通过微信来做活动，鼓励一些老会员转介绍客户，这相当于利用微信来打造自动转介绍系统。通过微信上的活动，企业可以获取大量目标客户群，把企业的客户数据库做大。客户做转介绍十分简单，只要把企业微信公众账号上的文章分享到微信朋友圈即可。有些用户看到好文章就会“点赞”，把信息分享给好友。

在获取大量目标客户以后，企业应该整合资源，把客户数据库做大。做客户数据库的主要目标是提升客户数量，要知道，企业的目标客户数量决定着财富。一些培训机构主要是依靠现有的资源开拓客户，并没有整合企业之外的资源。

培训机构可以把自己的价值分享给同行，可以和同行进行交换，从而整合获取更大价值。对于企业来说，自己的客户同时也是人家的客户。要想在激烈的竞争中整合自己的资源，可以通过微信来实现。

在微信中的合作十分简单，只要把文章写好，然后让自己的合作伙伴把文章转发出去就行。倘若企业可以借助微信公众账号整合上千家企业和自己合作，那肯定能把企业做得更大，这样，把客户数据库做大就相当简单了。

企业应该善于培养客户，使客户产生更大价值。要不断地跟踪客户，为客户创造价值。这样，客户就不会产生强烈的抵触心理，就会增加对企业的信任。企业要向目标客户提供更多价值，这样，客户才会关注并支持企业。

如今，众多培训机构都有微信公众平台。这样，就可以和客户建立长期联系。企业应该不断地向客户传递价值，这样，在销售后续产品时就会更加容易。如果企业提供的价值可以帮助到客户，那么客户就会信任企业。在微信公众平台上发布信息，要注意信息质量，信息的内容要能帮助到客户。对于高质量的信息，客户会“点赞”。

在微信公众账号上所发的内容，应该围绕着企业家需学习的内容。因为，这样可以帮助企业家获得成长。另外，企业可以在特殊的节日发特殊的信息。例如：有客户要过生日时，企业可以给客户发送祝福的图文信息。

企业经营时会遇到各种各样的问题。一旦开通公众平台，那么客户就能把问题发给公众平台。通过公众平台帮助客户解决问题，做好服务，那么就能获取更多客户。当培训机构获取了客户的信任以后，如果有新课程要发布，那么便可以写一篇文章发给客户，这样可以获得大量利润。如果适当地配合电话营销，那么就会使微信发挥出更大的力量。

英语培训机构的微信营销

互联网进入移动终端的时代，为各行各业的发展带来新的机遇。一些国际、国内互联网企业抢滩移动互联网领域。社交的移动应用层出不穷，例如：米聊、陌陌、微信等。新一代移动通信和社交工具受到市场追捧。在移动互联网时代，微信极大地促进了经济发展。

只要一个人拥有智能手机，就可以通过安卓、金山、奇虎以及苹果等应用平台下载应用软件。作为英语培训机构，不能错过这次移动互联网所带来的革命。因为，移动互联网改变着人们的生活方式。微信是手机端的最佳入口，如果错过这次机会，那么就会失去未来。

在中国，人们学习英语的热情较高。上幼儿园时学英语，上大学时还在学英语，等到工作了还在学英语。在一线城市的地铁站，经常可以看到上班族在背英语。可见，英语对人们的生活有着极大的影响。

在微信公众账号诞生之前，App是移动互联网的标志。华尔街英语、新东方以及瑞思学科英语等英语培训机构都在推广App。如今，微信成为移动互联网端的入口，几乎每个人的手机中都安装了微信。

无论民众想要了解哪一家英语培训机构，只要简单地按一下关注就可以。对于企业而言，微信是获得新客户的最佳入口。另外，微信还是维护老客户的平台。微信公众账号分为服务号和订阅号，对于英语培训机构而言，其主要销售的是信息类产品，这就需要机构向学员推送大量内容，例如：课程介绍、疑问解答等。因此，英语培训机构最好选择订阅号。

目前，越来越多的英语培训机构选择通过微信公众账号来招生。有些家长愿意在线咨询，而不愿意打电话咨询。用文字沟通时，经过认真的思考，咨询问题就可以讲得清楚一些。微信是一对一的便捷沟通方式，用户咨询的问题可以全面一些。

选择订阅号招生之后，培训机构应该给目标客户定位。针对服务对象，规划推送内容。做英语培训教育的对象有很多，例如：小学、初中、高中、大学以及成人英语等。就小学生而言，公众账号所关注的目标客户是小学生的家长。因此，公众账号中的内容应该围绕着家长所关心的问题。家长担心的问题主要有两方面，一方面是孩子上学的环境，另外一方面是老师教学的经验。

倘若目标客户是公司白领，那么其关注的是培训机构的分布点。他们希望解决学习英语时遇到的问题，掌握一些学英语的技巧。公众账号的内容要强调企业的优势，让关注者了解这些优势，才能更好地吸纳客户。

英语培训学校受区域限制。除非培训机构是全国连锁的英语机构，例如：新东方英语培训学校，这个培训学校在全国都有分校。其实，大多数英语培训机构都是做本地营销。倘若是做本地培训，那么就可以把主力宣传集中在线下推广。因为，做本地营销，只有特定区域的目标客户才有价值。倘若是在全国都有连锁分校，那么宣传重点就要放在线上，因为，信息可以在线上快速传播，让全国各地潜在客户得知信息。

每个微信账号都代表一个人，微信最大的特点来源于信任性和私密性。因此，做微信营销时，别一味地追求粉丝数量，要以精确性为核心。精准地定位目标客户，才可以成功实现营销的目的。在线推广产品时，要挖掘精准客户，避免过分追求数量而忽略了精准度。

在传统的微信公众账号编辑模式中，有“自动回复”的功能。这就使操作更简单、便捷。在用户关注微信公众账号以后，系统会自动向用户推送简单的文字或图文消息。在用户输入特定字符以后，系统将会自动发送一些相关的内容。这种简单的方式成为，是微信公众账号营销的基础。

英语培训机构可以通过微信来招生。可以制作微英语课程，制作微课程展示架并放在学校门口。只要家长们扫描二维码，就能获得微英语课程，从而关注公众账号。另外，培训机构可以通过微信朋友圈的“点赞”、“分享”来招生。制作出较好的英语学习微课程，从而不断鼓励学员在微信朋友圈分享，这样就可以吸引更多人关注公众平台。

培训机构可以在官方网站、博客、微博以及百度百科里放上机构的公众账号二维码，这样就能吸引更多人关注机构。机构可以展开相应的活动，要知道，沟通属性是微信的主要属性，因此，机构可以通过微信来开展活动。

报纸拥有上千万读者群，培训机构可以通过报纸找出对产品感兴趣的客户。在大量的报纸读者当中，肯定能过寻觅到对你的产品感兴趣的顾客。对于这部分用户，可以采取奖励的机制，比如用户只要关注就有免费课程。先把企业的微信公众账号二维码印在报纸上面，附上“关注就免费赠送英语微课程”的文字说明，这样就能获取人们的关注。通过报纸和杂志进行宣传，文案内容应该直指核心，迅速聚焦消费者的眼球。

通过报纸和杂志宣传，应该重视文案写作，言简意赅，直切重点，切忌长篇大论。一定要告诉受众，关注企业公众号能带来什么样直接或间接的利益。要知道人们都是很注重利益的，没有利益的事情，大家一般不会花费时间去做，而一旦发现有利可图，大家便会关注你。

直接利用网络招生。可以在官网、微博等地方发布信息，并在显眼的地方附上二维码，然后就可以展开宣传活动了。艺龙旅行网的运营是非常好的例子。艺龙旅行网曾经开展过活动，他们把活动的平台搬到了微信中，在活动期间，顶峰阶段的日互动点击量超过了50万次。活动中的微信名字为“小艺”，这个名称和艺龙旅行网相互映衬，而且不乏亲昵的感觉，而且号召广大网友“与小艺一战到底”。本次活动的开展，主要基于自定义回复接口开发的App，把答题获得奖品的模式搬到了微信当中。同时，还有每日积分奖，积分排名靠前就能获取大奖。这种“重重大礼送不停”的方式，使艺龙旅行网在短短时间内赚足了人气。

当然，艺龙旅行网并不是用来招生，但是这种活动的创意值得借鉴。比如英语培训机构要获得生源，就可以利用如微信这样的平台来开展活动赚取人气，最后挖掘潜在资源。

第七章 建立人脉，点赞中也可创造人脉资源

到目前为止，腾讯QQ拥有超过3亿的活跃用户，QQ群总数已经超过500万，微信和QQ可以共享，使得微信的用户急剧增长，拥有了庞大的基数。如今，越来越多的人接受和认可了微信，可以说，“微”已经成为网络社交的主流，而且每个人都在从“微时代”中获得红利。面对数量庞大的社交网络用户，一定要使用社交网络挖掘用户，提升“粉丝”的数量，铺设起高质的人脉关系网。

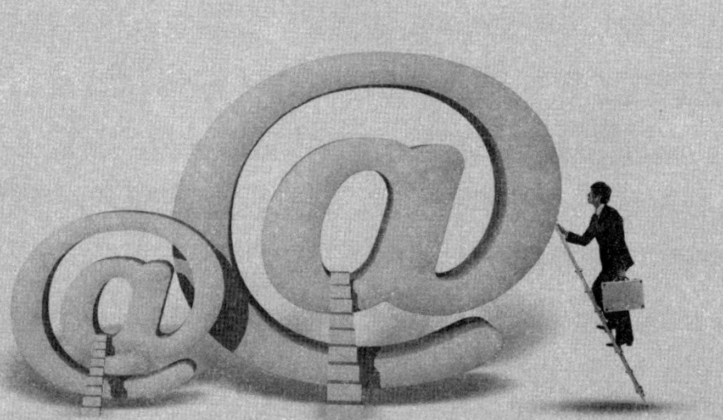

微信营销之前进行思考

移动营销在微信公众平台推出之后，商业化应用便初步成型。在进行微信营销之前，企业应该进行认真的思考。要知道，并非所有的企业都适合做微信营销。对于不同的企业，微信营销所产生的实际效果不同。

即使所有人都在做同样的一件事情，这件事情也不一定完全正确。所以，即使所有的企业都想做微信营销，也不一定都可以成功。有些企业认为，倘若自己不做微信营销就会被商界淘汰。其实不然，想做微信营销可以，但是要考虑这种营销方式是否适合企业。

作为企业，首先要弄明白一点，那就是并非所有产品或品牌都适合在微信上进行营销，因为每种产品的特点都不一样。因此，在微信上进行营销之前，要找出产品或品牌的特点。倘若通过微信可以将产品或品牌的特点放大，通过微信上的工具可以放大产品或品牌的价值，那么就可以选择微信营销。业内人士指出，有两种商品适合做微信营销；一种是那些大众化的品牌，另外一种就是那些有利于市场需求的品牌。

对于企业来说，只要了解微信的特点，就可以针对特点来调整营销方式。使用过微信的用户都知道，微信和腾讯QQ、微博的使用环境有区别，另外，用户使用微信的目的也有别于使用微博或QQ的目的。

与微博相比，在微信上做客服具有多元化的特点，微信的粉丝更加精准，并且微信适合于增强“强关系”，从而使目标强关系转化为流量或订单。微博这种弱关系平台更适合于发展新的客户。企业可以通过微博来进行品牌推广，发展新的客户，并且把“弱关系”转化成“强关系”，通过微信来维护强关系，把强关系用户转化成商品订单。

企业要明确用户基于怎样的情况使用微信，从而利用用户使用微信的目的来进行营销。不同的用户使用微信有不同的目的，有些用户是因为可以通过微信便捷地发送信息；有些用户因为寂寞而使用微信，想通过微信来交友；有些用户看到别人在使用微信，所以也跟着使用。

微信上的“摇一摇”、“附近的人”以及“漂流瓶”等功能可以帮助用户寻找好友。通过微信的语音短信功能，用户和好友之间的沟通更加便捷。对于不同的用户，企业应该采取不同的营销策略。在当今社会，人们生活的节奏加快，生活方式也有所改变。“快速”成为现代背景下折射出的性格，那些长篇大论的文章已经失去吸引力。人们越来越喜欢微博、微信、微评论、微电影以及微视频，人们的生活逐步进入“微时代”。

如今，“微”是一种时尚，更是一种趋势。“微”在社会的大背景之下形成，人们的生活压力和快速的生活方式导致“快”的风向标，由于时间非常宝贵，对于大部分人来说，越简单的信息越容易被大众所接受。

随着时代的发展，看报纸、新闻已经无法使人们快速了解最新发生的时事。“微”的出现则满足了大众的这个需求，通过互联网，人们可以及时了解到最新的信息，还可以对信息进行评论。对于网络用户来说，想要了解明星、旅游以及房产等最新动态并不难。可以说，“微”拉近了人与人之间的距离。

人类自从进入信息时代，便到处都充斥着各种各样的信息。在互联网上的信息种类相当丰富，只要会上网的人都可以在互联网上找到自己想要的信息。随着信息的快速传递，人们可以更加快速地获得想要的信息，这离不开商家的及时推送。

为了使企业品牌知名度和最新活动信息实现最大化曝光，“微”得到众多商家的青睐。为了达到盈利的目的，有些商家选择当下符合时代的营销方式，其中很多商家从微信平台中发现了商机，微信成为了营销新模式。

微信营销吸引着众多企业，然而，作为企业，应该在进行微信营销之前从各方面进行思考，首先，要明确企业的目标客户群，然后根据商品的特点来选择适合的营销方式。通过微信营销的方式便捷，然而，有些企业不一定适合在微信上进行营销。

通过微信进行营销，可以精准地定位潜在客户群。另外，通过微信，可以使企业信息快速地被传播出去，引起更多人关注企业。企业在微信朋友圈所发布的信息，会被感兴趣的用户“点赞”，这种互动可以加快信息的流动。一旦信息流动起来，那么企业就可以更好地宣传产品，从而获得更多红利。

不仅如此，微信所发布的信息中的“点赞”，可以为企业创造人脉资源。通过“点赞”，企业可以进一步挖掘潜在客户群，从而推广新的产品，特别适合中小型企业。

挖掘论坛、贴吧资源获得业务

互联网刚兴起时，能够上网的大都是知识文化水平高的人，互联网成为了资源分享和贸易信息的集散地。虽然那时的商业气息很浓，但是分享与奉献依然是众多网民的主流，依然是网络社区的主流。如今，互联网的商业气息越来越浓，尤其是从社交网络里，随处都可以发现商机。只要愿意去挖掘，在各大论坛、贴吧都能与人互动，攒积人脉资源。

如今，网络的开放性充分调动了人们的积极性，人们可以在社交网络上提问题，发表自己的意见，也可以帮助网友解决问题，自己从中体会到快乐。比如在百度、新浪、腾讯、搜狐等各大门户网站，如今都设有贴吧、问答板块，通过热心网友的经营，形成了很多有趣的主题板块。许多网站都有自己专注的话题、爱好和领域，或者专门的兴趣都有专门的地点来提问和回答问题。为了避免垃圾信息，这些网站大都会采用会员制，当然，很多注册都是免费的。这对每一个人来说，大大降低了进入的门槛。

通过在贴吧、论坛等回答问题，是一种比较好的产品和服务推销方式。不过，如果你是为了利用贴吧、论坛等寻求资源，促进自己的商务，那在注册之前要三思而行。商务的账号应该简单明了，容易让人记住，而不是使用那些眼花缭乱的火星文字符。只有很简单明了的账号，才能让人们很快记住，并且通过你发布的信息寻找到你公司的网站地址以及产品。一般情况下，应该选择真实名字或者公司名称的注册名最好。

注册好账号以后，自然就可以进入到社交网络了。刚刚登陆时，注意浏览一会儿网友们关心的问题，或者已经回答过的问题，凭直觉感受一下该阵地经常活跃人群的个性、偏爱、素质等，以及该社区到底是什么样的基调。比如可以边浏览边思考：这里有没有什么特别的话题呢？活跃的人群多吗？有没有需要我产品的人呢？或许在这里能碰到几个老朋友呢？

通过一些问题的思考，并展开实际调查，很快就能选出活跃的网络社区。在理念上，应该寻找到用户流量大且比较活跃的社区，里面既有新人，也有老用户；有一般知识层次的人，也有知识渊博的专家。健康的网络社区，通常建设有专用的用户群，而且群里比较活跃，群主愿意成员发出自己的声音，提出自己的观点。

倘若能找到理想的网络社区，便可以展开回答了。通过提供高质量的回答，帮别人解决实际问题，充分展现自己在某些方面的能力，长期下去，逐渐获得社区其他成员的认可和信任，并得到大家的用户，此时你与别人交流就更有权威性。

一般情况下，各社区网络都提供会员活跃或等级的排名，只要坚持在几个阵地活跃，通常就能获得靠前的排名。虽然这样的排名不会给你带来直接的经济收益，但是这是长期的投资，等人气积累到一定程度，将会拥有很多忠实的“粉丝”寻找到你，向你提出问题，或者要求与你合作某某项目，此时你就能享受到坚持挖掘贴吧、论坛等带来的好处了。

一般的网站都分为聊天、论坛和话题。虽然各个板块的功能不同，但是只要你能充分利用，展示你的专业能力，他们都能成为营销宣传的重要阵地。

聊天的特色是实效沟通，他与移动终端的短信聊天是类似的，不同的是在社交网络的聊天室里进行的。登陆聊天室的任何用户，都能够看到聊天记录，而且还可以从聊天室中邀约某个人单独沟通，即便这个人是陌生人。聊天对话都以问答形式，而且可以打印出来。

论坛是社交网络的主流形式之一。它是由某个人发布某一问题，然后其他用户在论坛版块里各抒己见。论坛其实是一个在线的圈子，人们可以发表意见，也可以寻找到与话题相关的资源。作为想要在论坛营销的人来说，在论坛中发布优秀的资源是吸引用户的根本，发布内容比较好，人们都愿意“赞一个”、“顶一个”，这样，你发布的资源就会有更高的人气。发布的资源越优秀，点击率越高，其广告效应越好。

话题和论坛有一定相似之处，然而更像是带有长期回复记录的群邮件。当第一个发话题的人将话题抛出去，就会有很多人接触到，并会根据话题展开讨论。当然，有时候也可以不根据主题来讨论，随心所欲发表自己的观点。另外，话题还类似于博客上的评论，其中博文正文就是投放的第一个话题。只要不中断，话题可以理论上无限延伸下去。

另外，可以从评论中挖掘有价值的东西。在各个社交网络中发布曾经发送过的优质内容，这样，只需要创作一次，便能不断获得流量回报。假如所在的网站提供社交书签服务，那只需要保存书签，就可以更好地让网友看到你的精彩对话。同时，发布信息以后，最好保存好副本，并且在博客复述问题时附上这些评论。当“粉丝”积累到一定程度后，就可以邀请他们到自己搭建的专业网站上进行讨论，以增加网站的人气，最终实现营销目的。

无论是论坛、贴吧还是聊天，想要实现广告效应，都应该发表一些有趣的主题，吸引广大用户参与并点击，然后适时发布一些广告内容，便能实现广而告之的目的。

社交网络是人际关系网

社会是所有人共同编织的网，每个人都不可能脱离社会。与别人交往是一个人生存的基本条件。在社交中，良好的人际关系网络十分重要。在社交圈子中，每个人都是其中一环，环环相扣形成人际网。这张人际网的价值取决于网中的每个人。

倘若自己的人际关系处理得恰当，那么就可以为实现理想奠定基础。倘若人际关系处理得不好，那么成功就会受到阻碍。对于个人来说，人际关系会对其生活和事业产生一定的影响。对于企业而言，拥有良好的人脉资源有助于企业的发展。

对于个人来说，有时候，在一个合适的时间遇到一个合适的人，就可以帮助自己战胜挫折，走向成功。人脉能为每个人提供信息和成功的机遇。通过人际关系网，每个人都可以左右逢源。为此，每个人都应该构建自己的社交圈子，充分利用社交网络。

在信息时代，人们可以通过社交网络来成就事业，实现自己的梦想。一个人的成功与否往往取决于人际关系。每个人都应该善于利用人际关系网，实现自己的目标。善于利用社交网络来编织社交圈子，那样未来的道路会越走越宽。

在现实生活中，很多人都没有勇气和街上的陌生人打招呼。然而，在微信当中，向陌生人打招呼并不是很困难的事情。微信是一种聊天工具，向人们展示着全新的社交平台，带给广大用户前所未有的体验，悄然改变着人们的生活。随着社交网络的兴起，“微关系”走进我们的生活。通过社交网络来维护关系是社交的基本目标，实现共赢是社交的基本目的。

在腾讯QQ中，好友的关系是基于社交需求的一种关系。在微博中，粉丝关系是基于主动和尊重的单向关系。“被粉者”占有一定的优势，而粉丝则处在关系的被动地位。在微博中，粉丝和被粉者的关系属于弱关系。微博中的粉丝可以分为弱粉、一般粉和铁粉。在微博的关系中，商业化遵循等价交换的原则。因此，微博难以找到稳定的商业化模式。

然而，在微信中的关系则属于相互关注的好友关系，这种关系是基本平等的。当然，主动关注对方者占主动地位，在决定关系走向上有主导权。被关注者的表现可以形成对关注者的评估值，然而，这并不代表关系的发展值。倘若被动地选择不关注或取消关注，那么便会对自身价值产生影响。利用自身的关注极限，发挥最大的主动价值，这对于微信使用者来说是最佳选择。微信群是平等的关系界面，是良好的沟通平台。

如今，很多人都有了自己的微信。只要用手指轻轻地一按，就可以进入微信好友的世界中。只要你愿意关注对方，就可以随时了解对方的动态。对于社交网络用户而言，微信是一种可以深入了解好友的途径。

微信具有“分享越多，收获越多”的特点。对于广大用户来说，可以在微信中分享各种信息，例如：文字、语音、图片以及视频等。在微信的虚拟世界中，用户可以分享很多自己想让别人了解的信息。对于一些积极的信息，很多用户会主动“点赞”。微信的崛起改变着人们的生活，对社会产生了不小的影响。

对于个人和企业来说，微信的关系是人脉资源库。要知道，人脉是一种资本。对于企业而言，企业本身就拥有人脉资源，例如：企业的代理商、经销商都是企业的人脉资源。对于个人而言，倘若只有专业技术，却没有人脉，那么就难以提高竞争力。

每个人都可以在一定的程度上掌控自己在社交圈中的位置。倘若一个人的交际广泛，那么就可以获得很多有价值的信息。在现实生活中，人们的社交圈在一段时间里会相当稳定。然而，随着时间的改变，人们会不断地认识一些新朋友，并且不断地增进和新朋友的关系，从而忽略掉一些老朋友，逐渐和老朋友失去联系。

在社交网络中，通过QQ空间、微博或微信朋友圈的“点赞”、“分享”、“评论”等互动行为，可以维护与老朋友之间的关系，还可以在互动中结识新朋友。社交网络对人们的生活具有一定的影响，通过社交网络平台，每个人都可以在无形之中拓展自己的人际圈。社交网络对个人以及企业都有帮助。

在社交网络中建立忠实社区

在当今社会，社交网站已成为商业界不可或缺的一部分。对于社交网络用户以及企业来说，倘若没有可以被自己所影响的人际关系网，那么就难以成为影响力中心。当然，拥有大规模关系网并不意味着一定具有影响力。但是，在社交网络中建立忠实社区至关重要。

建立高质量的网络，主动联系目标市场中的人群。有些企业的经营者想要走捷径，一次增加上千个粉丝。然而，要知道，企业根本买不来忠实度。要想形成真正的社交网络资源，那么就需要一定的时间积累。因此，企业应该注重去吸引一些高素质的人到社交网络中。

倘若企业可以仔细地审核所要发布的内容来源，提供可以把专业领域和别人的内容相结合的资料，那么就可以管理内容。通过分享别人的内容，企业可以为自己的受众提供更加广泛的内容，还可以为自己增加联系人。

想要持续提供有价值的信息，就要采取频繁且一致的做法。要知道，企业提供信息的频率很重要。受众会产生一种心理预期。作为企业，应该在用户的脑海中留下深刻的印象。

企业可以通过社交网络中的系统设置自动定时更新，这样，就算你不能使用电脑，系统也会使内容定期发布。另外，企业可以定期更新自己的社交账户，还可以请网站来管理自己的账户。

无论是企业还是社交网络用户，都别想着坐在电脑前就可以轻而易举地变成影响力中心，拥有可以给自己创造价值的关系网。企业领导也应该出去走一走，亲自和别人进行接触。要让其他社交网络用户了解到，你本人和社交网站上所建立的个人形象相一致。这样，当对方看到你本人时，很快就可以产生熟悉的感觉。在线品牌和个人形象要统一，企业应该保持一致的品牌形象。

作为企业领导人，应该主动去关心客户，并且要关心自己的产品、服务和品牌。要知道，当你对自己的客户表现出真诚的关怀时，双方的关系就会超越简单的交易关系。这样，你就可以使其成为自己的长期客户。

微信充分利用及时更新、网络互动的特点，使用户快速获取有价值的信息资源。当今社会快节奏的生活，使人们越来越忙碌。因此，有很多人都没有时间去加强与亲朋好友的联系。微信就如同一条纽带，通过微信，用户可以浏览朋友圈，了解对方最近的状况。微信拉近了人与人之间的距离，使人们的沟通更加便捷。

通过微信建立圈子，可以汇集众多志同道合的朋友。在虚拟的圈子中，可以找到那些对自己有利的人。企业可以通过圈子来获取有价值的信息，挖掘潜在商机。

其实，微信就如同现实生活中的人际圈。无论是企业还是个人，都可以通过微信来拓展人脉。微信朋友圈中的“点赞”功能就可以在无形之中增强彼此间的感情，因为“点赞”代表着“关注”。任何人看到自己所发布的信息被“点赞”，都会由衷地开心。

只要在微信朋友圈中发布有价值、有意思的内容，那么就会引起众多社交网络好友的关注。有些人会对信息“点赞”，有些人会进行转发。在“点赞”、“转发”以及“评论”的过程中，信息就会被传递出去，得到更多人的关注。

对于工作忙碌的人来说，通过微信与好友进行沟通是一种十分便捷的方式。对于企业来说，通过微信公众账号推广企业的产品或服务，无疑是一种有效的营销方式。个人交流需要微信，企业营销需要微信，因此，在当今社会，微信的重要性不言而喻。

在社交网络中建立忠实的社区，这样，就可以不断地拓展人脉。企业可以在社区中挖掘潜在客户群，推广企业的产品或服务。社交网络平台给企业提供商机，也对社会的发展产生一定的影响。因此，任何人都不应该忽视社交网络的价值。社交网络的产生，给人们的生活增添了乐趣，更重要的是给人们带来了便利。企业应该充分利用社交网络资源，挖掘潜在价值。值得注意的是，倘若要想建立忠实社区，就应该注意所发布的内容质量。

社交网络中的关系链管理

人脉资源可以分为很多种，例如：行业人脉资源、技术人脉资源、媒体人脉资源以及客户人脉资源等。作为企业，应该制定企业客源人脉计划。企业的客源人脉是指在工作中和客户打交道所形成的人脉关系。对于企业而言，在提升企业经济效益的同时，要为客户进行服务。企业应该投入诚信和情感，从而在服务客户的过程中积累人脉资源。

核心层人脉资源，主要是指那些可以对个人职业和企业发展起到关键作用的人脉资源。社交网络是促进商机的有效方法，通过社交网络，可以使新老客户都愿意与企业进行合作。企业可以通过社交网络来创造口碑，赢得用户的推荐，提高客户对企业的忠诚度。社交网络为企业创造商机，给人们提供便利。

制定人脉资源行动计划时，要注意人脉资源需兼顾生活和事业的需求。在平衡精神和物质两方面的需求时，也不可以忽视心智方面的需求。人脉资源结构应该科学合理，例如：年龄结构、行业结构以及学历与知识素养结构等。倘若人脉圈子过于单一，易导致人脉资源质量低。确定职业生涯规划，评估人脉资源的现状，明确人脉资源的需求，设计人脉资源结构，从而制定人脉资源规划，制定具体的行动计划。

企业和个人都应该注意人脉资源的广度、深度以及关联度。人脉的广度是指人脉关系横向延伸的情况，人脉范围有多广；人脉的深度是指人脉关系纵向延伸的情况，达到的级别；人脉关联度是指人脉关系和个人所从事行业的相关性。人脉资源具有广度和深度，还具有关联度，人们应该通过朋友的朋友或者别人的介绍等方式，拓展自己的人脉资源。

微信群是腾讯公司所推出的微信多人聊天服务。在群主创建了微信群以后，能邀请朋友或那些和自己有共同兴趣爱好的人进入群里。在微信群中，可以相互聊天，还能共享图片、视频等。通过微信所积攒的受众数量，能建立微信群，绑定潜在的消费者。

微信的群聊功能延续QQ群聊天的属性。在微信群中，不仅可以通过文字来聊天，还可以通过语音来交流。因此，在微信群中聊天十分有意思。微信群中的互动行为是创造新关系的过程。微信群和QQ群有区别。QQ群承载所有PC互动，通过QQ群可以建立关系，然而效果却不太理想。相比之下，微信群更具移动互联网的有效性和创新性，更加便捷。

对于企业而言，可以利用“特色群组”创建群组，围绕企业的特定品牌和粉丝进行交谈。点击“特色群组”标签页，用户能创建各种交谈。一旦用户加入特色群组，就可以获得品牌的相关信息，例如：独家内容、竞赛、营销信息的提醒。另外，企业可以根据活动和社交圈把粉丝分成不同群组。

群组的能量并不会局限在团购领域。在社交分享、在线聊天以及活动交流等领域，群组都有广阔的需求。微信群使群体交流的需求作为切入点，试图满足人们想要和某个特定群体进行话题讨论、社交分享等需求。

社交网络用户在QQ空间、微信朋友圈以及微博等平台可以进行交流互动。用户的“分享”、“点赞”、“评论”等行为，可以在无形之中扩大交际圈。通过这些社交平台，用户可以维护与老朋友之间的友谊，还可以结识很多网友。

社交网络用户在社交网络平台上的互动交流可以使信息流动起来，这样，在信息流动的过程中会形成关系链。这种关系链对用户个人以及企业都有影响。通过社交网络，企业可以被更多人所关注，从而推销自己的产品或服务，这样就可以获得红利。用户可以在社交网络上和好友进行交流，增强彼此间的友谊。

现实中的我们可能羞于和那些陌生人说话。然而，在社交网络上，人们会主动添加好友，和素未谋面的人交谈。社交网络为人们的生活添加乐趣，通过社交网络，人们可以进行网购、聊天、分享等行为，可以第一时间获取最新信息。在社交网络上，人们可以有很多收获。社交网络上的信息流动形成关系链，是一种极其宝贵的资源。

企业挖掘潜在客户的方法

随着社交网络的发展，微博和微信逐渐被人们认可，并且成为人们日常生活不可或缺的一部分。对于原有的功能，微信进行着逐步的完善，甚至推出全城定位的搜索功能。企业足不出户，就可以轻而易举地锁定潜在客户群，从而通过微信及时发送图片、文字、音频等。通过微信，向潜在客户群进行各种优惠活动的宣传。

对于企业而言，老客户是获得稳定收入的重要来源，是企业进一步发展的基础。其实，挖掘新客户和稳定老客户都十分重要。新客户的加入可以使企业注入新的血液，尤其是大客户的加入，会对企业的盈利产生积极的影响，应通过多种渠道挖掘新客户。

企业可以通过广告搜索的方法来挖掘新客户。通过各种广告媒体寻找新客户，在广告上放置二维码，让客户进行扫描就可以。使用广告媒体的方法有很多种，例如：在某杂志广告版面的底部提供二维码优惠券。另外，企业可以运用目录营销法，通过印制产品目录推销手册，结合广告的形式，挖掘潜在客户。另外，企业还可以利用较好的专业搜索引擎，通过有价值的关键词进行搜索。

企业可以通过老客户的介绍来获取新客户。这种方法可以有效地开发市场，并不会浪费很多时间和精力。在对老客户进行服务之后，问一问别人是否会对产品感兴趣，例如：老客户的好友。通过老客户的介绍，关系链可以持续发展下去。通过这种方法挖掘潜在客户，效率比较高，并且没有很高的风险。

查询相关资料，获取潜在客户。信息载体很多，例如：专业图书、报刊等。通过信息载体，收集潜在客户信息。另外，可以通过网络博客征集、关键词搜索以及行业网站搜索等方式来获取潜在用户群。其实，很多社交平台都是挖掘潜在客户的资源，例如：微信、微博以及QQ空间等。社交平台上的“评论”、“转发”、“分享”以及“点赞”等互动行为都可以使信息流动起来，通过流动的信息，企业可以更直接、更快速地挖掘潜在客户。

企业可以通过中介的客户资源寻求自己所需要的客户。那些为需求者提供信息服务的组织可以称之为中介，也许，在中介的手里掌握着较多潜在客户的信息。通过中介的客源找出自己的潜在客户，也是一种有效的方法。

对于房地产销售人员而言，当自己通过努力卖出一套房子时，可以通过客户，询问客户的好友是否需要买一套房子。这样，就充分地利用已有客户资源，挖掘新客户。实际上，任何企业或员工，在销售出商品的那一刻，都可以通过已有客户挖掘潜在客户。

通过展会进行搜集，获得潜在客户。展会具有集中性、直观性、群众性、广泛性等特点。参加展会的人包括供货商、经销商、采购商以及潜在客户等群体。倘若企业可以积极地投入到展会当中，那么将会获得收益。在展会现场，企业可以对那些有意向的潜在客户进行登记。

对于企业以及销售员而言，应该知道潜在客户有哪些，了解竞争对手的客户有哪些。很多时候，企业的潜在客户就在竞争对手的手中，可以通过掌握竞争对手的销售渠道，及时找出对方产品的购买者，将竞争中的客户拉拢过来。

在进行销售的过程中，企业员工应该多结交一些圈内的朋友。和同行建立密切的联系，也许，同行们可以向你提供一些比较有价值的信息。另外，多和同行交流，发现自己的优缺点，学习别人的长处，以提高自己的工作效率。

在某个特定区域选择有影响力的人物，让对方成为服务或产品的消费者。尽可能通过大人物的影响力来获得潜在用户。所谓的有影响力的人物，是指那些因其成就、职务或地位等会对周围的人施加一定影响力的人物。

通过专题讨论会来挖掘潜在客户。这其实是很多公司寻求潜在客户的方法。那些来参加讨论会的人，大部分都对产品或服务感兴趣。可以说，这些听众是比较理想的潜在客户。

对于企业而言，在自己的平台上设置“分享”、“点赞”以及“评论”等按钮，可以有效地宣传自己的产品。当那些还未购买产品的网络用户看到已有用户的“分享”，就可能会选择购买产品。在社交网络平台上，用户的分享行为可以为企业带来红利。要知道，信息传播的力量巨大。当一个用户在平台上看到某种产品的好评时，就会主动进行购买，有的人甚至会在工作时向同事进行推荐。一旦使用过商品，感觉还不错，那么同事又会向其他好友推荐。这样，用户在无形之中为企业进行宣传，大大减少了企业宣传的成本。

随着社交网络的发展，越来越多的公司开始选择通过社交网络来推广自己的产品，这已经成为一种行之有效的营销方式。对于销售人员而言，也可以通过社交网络资源获取潜在客户。当然，销售人员可以选择上门拜访客户，推销自己的产品，但是那样更加浪费时间和精力。除非是大客户，否则，就没有必要上门推销。一旦通过网络资源获取潜在客户的资料，就可以电话邀约，让客户前来看一看产品。

对于企业来说，要想发展壮大，那么就需要获取一定的客户资源。借助社交网络，可以挖掘潜在客户群，还可以通过网络交流工具达到销售的目的。双方不用见面，也不用通电话，就可以完成一些简单的交易，这在当今社会已经不足为奇。

微信改变着人际关系网

随着移动互联网时代的发展，手机智能化逐渐普及。微信已经覆盖了传统的交友方式。微信时代开启以前，人类只可以通过朋友介绍或者聚会认识新朋友，从而扩大自己的交际圈。如今随着QQ、微博以及微信相继出现，这就使人们的交友途径更便捷，范围也更宽广。

微信具有一对一交流的特征，通过微信，好友之间可以进行私密沟通。随着微信版本的提升，微信用户已可以通过文字、视频已经音频等沟通方式和好友便捷地交流。

微信使每个人的人际关系网无限扩大，通过这种便捷的方式使陌生人之间很快变得熟悉。倘若把微信当中的“信”看成是短信中的“信”，那么微信营销当中的“信”就是信任的意思。因此，微信营销的根本就是信任。

微信有“摇一摇”、“漂流瓶”以及“查看附近好友”等功能。可以说，微信是处于安全社交圈的人和陌生人之间相互信任的桥梁。对于企业而言，微信公众账号存在于信任的氛围之中。通过微信进行沟通，相互信任的人之间进行推荐会更加容易。

在微信出现之前，并没有社交网站具有信任氛围。微信适合于企业和目标消费者进行互动，双方在微信上以诚相待。企业想通过微信来进行营销，那么就应该注重“信”。

随着微信的发展，信息的传递范围逐渐扩大，扩展到整个世界。微信营销可以通过特殊的力量使企业从周围的每个人开始，逐渐扩大营销范围。微信朋友圈的核心功能是照片分享。在微信朋友圈界面的上方有一个相机图标，用户只要轻轻一点就可以拍照。

在企业的营销当中，“碎片化”文化的渗透，对一些权威网站造成了冲击。“碎片化”时代使人们难以专注阅读。客户忠诚度的提高和品牌的传播面临着挑战。因此，很多人呼吁“碎片化”。在企业的营销当中，要想使目标人群专注于阅读，就应该由特殊的平台来承载。微信公众平台就是实现人群推广和信息“碎片化”的良好工具。

作为移动互联网的入口，在人群推广这方面，微信具有一定的优势。企业应该把微信和自身的市场营销结合起来，在“碎片化”这方面，微信能向所有客户呈现富媒体的状态。在选择上“碎片化”，但是内容却很丰富。

在进行营销时，设置功能和内容的相互渗透。因此，在微信公众平台上，无论是“碎片”的选择，还是“碎片化”的内容，都划定在企业的整体营销当中。这样，既可以体现出“碎片”文化信息传递速度快的优点，还可以实现“碎片化”的内容深入。

如今，很多企业在QQ空间，微博等社交平台上注册企业公众账号，这样就可以获得更多的粉丝，从而宣传企业的产品。通过用户在社交平台上的“分享”、“顶”、“评论”“转发”以及“点赞”等互动行为，可以使信息得到传播。

微信的崛起改变着人际关系网，使QQ、微博和微信产生密切的联系。很多人和QQ好友还有另外两种关系，那就是微信好友和微博听众。一旦双方建立一种关系，那么就很容易扩展交友范围，甚至可以与好友的好友成为QQ好友或微信好友。

可以说，微信扩展了人们的交友范围，使每个人的交际圈扩大。从某种角度来说，微信是社交网络发展过程中的一个里程碑。在移动互联网时代，微信的诞生垄断以智能手机为主的智能移动终端屏幕，大部分拥有智能手机的人都在使用微信。

通过微信的语音功能和别人聊天更加方便，与发短信相比，更加省时省力。很多企业发现微信是维护客户的利器，企业营销的目的是让客户依赖企业，这是微信营销的核心所在。

最初，人们使用微信是由于微信图文并茂的功能，特别是微信的视频通话功能。通过视频通话功能，可以使每个人与好友进行实时的“直播”对话。微信打通了移动互联网和传统电信通信的界线。微信满足人们想要和好友进行交流互动的需求。微信功能十分强大，但是注册需求十分简单，只要用户有手机号、QQ号以及邮箱就可以。

微博是划时代的网络产品，微信则是未来主流网络的入口。在入口处控制目标人群，是各个行业在未来竞争的核心。掌握微信，挖掘微信营销的力量，这对企业来说十分重要。目前，由于较多企业目标消费者聚集在微信，因此，微信具有无法估量的营销价值。

互联网将会持续改变人们生活的各个方面，因为，互联网给人们带来大量免费的产品。看新闻、听音乐、看电影、阅读书籍，这些都免费。人们之所以喜欢上网，是因为互联网包罗万象，人们在网上可以找到自己想要的东西。另外，互联网的很多产品也都免费。

在微信朋友圈中，人们可以发送自己喜欢的信息。当然，包括文字和图片。把自己出游的照片发到朋友圈中，微信好友就会看到。对于那些好友感兴趣的信息，好友会“点赞”。当有一些信息具有积极的意义时，好友就会进行评论或者转发。

微信给人们的生活增添很多乐趣，对于普通民众来说，可能已经足够了，但是它还在不断地发展，不断地优化。在这个时代，使用微信的人越来越多。微信使人与人之间的交流更加畅通、便利。另外，微信给很多企业的营销带来影响，微信营销使企业获得红利。通过手机通讯录和腾讯QQ，可以轻而易举地添加微信好友，这使人们的人际关系网发生改变。

通过QQ挖掘微信用户

通过结合自身的行业属性，在QQ群中可以进行关键词检索，从而挖掘潜在客户。QQ账号和微信打通，可以增加用户转化的便捷度。另外，通过QQ邮件以及好友邀请等方式可以批量导入QQ用户。通过这些简单的方式，可以有效提升用户的转化效率。

到目前为止，QQ群总数已经超过500万。把QQ群做得更好，那么QQ群上的流量就会很大。企业可以搜集一些相关的用户群，这样就可以挖掘大量潜在客户。对于企业而言，搜集的QQ群越多越好。倘若企业可以找到相关的QQ群，并且进行转化，那么就可以使目标群体成为企业微信账号的粉丝。对于营销而言，这是一件非常棒的事情。

企业可以采用QQ群推广的方法。也就是说，通过QQ群做广告。通过媒体广告的形式，对企业的产品或服务进行推广，使更多人或者组织了解到企业的产品或服务。这样，企业就可以达到宣传的目的。

倘若企业想通过QQ来进行产品或服务的推广，那么就要加入一些QQ群。在加入某些QQ群以前，应该先明确企业想推广的产品和服务，确定这些产品或服务的目标客户属于哪些阶层。然后，才可以申请加入某些群账号。

对于企业而言，建议每天都加2~3个群。注意，要取与产品或服务相关的名字。企业可以通过QQ群推广企业的微信账号，这样，就在无形之中把目标用户引导到微信用户上。

企业要主动寻找目标QQ群。在QQ群中进行搜索，搜索那些和企业相关的目标群。也就是说，要保证目标群中的成员会对企业感兴趣。值得注意的是，别随便乱加群。倘若公司做服装生意，那么就没有必要加一些与服装销售无关的群。要知道，没有目的地胡乱撒网，并不会取得良好的效果。一旦找到那些对企业感兴趣的目标客户，就可以推销产品或服务。

企业申请加入目标QQ群时，尽量仔细地看一看群的详细资料。企业所写的入群申请理由应该和所加的群名有关。这样，当群主看到时，就容易产生信任，至少不会认为这个QQ是想在群内发垃圾广告，也就更容易得到群主的批准。

企业要对自己加入的群进行分类，并且要写清楚备注。一旦成功加入某个QQ群，就应该对其进行编号，可以从001依次往下排序。对于那些和企业密切相关的QQ群，应该密切关注。当加入某个QQ群以后，发送信息时要注意使用礼貌用语。这样，就可以避免被踢出该群，保留这个群中的客户资源。在加群时，尽量选择那些成员较多的群，这样有助于获取大量潜在用户。

企业可以通过群上传自己的微信二维码，还可以在群中上传企业产品的图片。值得注意的是，在上传产品图片时，最好在图片的下方推广自己的二维码，这样，群内的成员就会看到企业的二维码，从而关注企业。

企业还可以通过QQ发送群邮件。QQ邮件具有邮件弹窗功能，企业可以充分利用这个特点。弹窗显示出邮件的标题，因此，在编辑邮件时，标题不可以过长，因为邮件的标题过长，弹窗时就不会完全显示。因此，邮件的标题最好控制在13个字以内。

企业可以搜集大量的QQ表情和有趣的图片。在进行群聊时，人们会发很多图片。那些经典的图片会被社交网络用户从一个群传到另外一个群，不断地传播下去。企业能把这些经典的图片收集起来，或者自己制作一些有意思的图片，在图片下方注明企业的微信二维码，然后再发出去，以此实现推广的目的。

如果企业想要发起活动，那么就要保证活动十分有吸引力，这样才会有人愿意参加。通过一些活动，可以达到宣传的目的。最主要的是，通过发起活动，可以使更多人对企业有一定的认知度，这对企业的发展有利。有些QQ群就比较活跃，倘若在群空间发帖，那么就有即时消息提示。需要注意的是，别在QQ群里发广告，这样可以避免被踢出群。可以适当地发一些和企业相关的内容，网址可以在签名中出现。

QQ空间适合对微信账号进行推广。目前，QQ用户活跃人数达到3亿多。在这些活跃的用户中，开通空间的用户占80％以上。企业应该善于运用QQ空间，推广企业的微信账号。对于QQ空间用户而言，常常会看到一些转载的文章下面加了企业的微信账号。当用户在QQ空间发表文章时，其好友只要登录空间，就可以在“好友动态”中看到文章。因此，企业可以通过QQ空间来进行推广，在空间发表文章时，把微信账号放在文章的下方。只要发表的内容具有一定的吸引力，就能获得可观的效果。

如今，很多企业都开通了企业QQ。如果企业把企业QQ用户转化为企业的微信粉丝，那么就对企业的微信营销极其有利。通过QQ群进行营销，具有效率高、低成本等特点， 一些小企业适合通过QQ群来营销。

随着互联网的迅速发展，很多网购平台崛起，例如：京东商城、淘宝网以及聚美优品等。这些网站充分利用社交网络推广自己的商品，从而产生口碑。随着信息的流动和传播，很多网购平台都被大众所熟知。有些网购平台会通过社交网络平台来挖掘客户资源，通过QQ来挖掘用户就是一种有效的方法。其实，企业可以在QQ空间中发表一些与产品相关的内容。当其他QQ用户进入企业的空间时，就会看到发布的信息。倘若认为信息比较有意义，就会主动“点赞”，这样，就可以推广企业的产品，在无形中获得红利。

微信公众账号粉丝激增的秘诀

粉丝的数量是微信进行营销的基础，倘若没有粉丝，那么微信营销就如同空中阁楼，根本不会获得任何效果。微信的粉丝主要来源于非微信平台和微信平台的推广。其实，要想获得大量粉丝并不困难，关键是如何找到适合企业的粉丝。

微信公众账号每天只可以发一条信息，因此，内容要鲜明一些。对于企业来说，要想发布独具特色的内容，那么就要先明确产品的定位，公众账号名字的选择至关重要。对于媒体账号而言，可以直接用品牌来命名。通过微博来增加粉丝数量，借助可行的办法在微博上植入公众账号信息。社交网络使优质产品宣传得更快。商家想要通过微信得到更多的营销机会，那么就要把好产品或者服务的质量关。要知道，有效的粉丝是企业进行微信营销的核心。

设置个性签名，搜索附近的人。设置个人签名的字数是有限制的，只可以输入29个字符。简单说明公司所经营的内容，充分利用个人签名。每间隔15分钟就要刷一次附近的人，还可以通过“摇一摇”功能，让别的用户看到自己的签名。每天可以丢一些“漂流瓶”，在上面写一些引导别人的话，让别人主动添加自己。通过用“漂流瓶”来互动，可以直接宣传企业的微信账号，从而挖掘潜在用户。

在微信上有“摇一摇”的功能，通过“摇一摇”，让对方看到自己的签名，从而主动添加自己，为了获得更多关注，可以不停地“摇一摇”，一般都能获得良好的效果。通过这个功能，企业能打破地域限制。按照距离最近的同时摇手机的用户配对，倘若在附近并没有同时摇手机的用户，那么就可以和相对较近的用户配对。无论是通过“摇一摇”还是“附近的人”来添加好友，都应该主动向对方打招呼。

通过微信互推快速涨粉丝。通过大号带动小号，一般来说，当达到1000个粉丝以后，再找人合作互推，这样就可以获得良好的效果。因此，微信合作至关重要。值得注意的是，倘若微信互推被举报，有可能会被封号，所以要控制和同一个合作伙伴的互推次数。

通过官方微博原有受众基数，企业可以更新微博的头像，推广微信二维码。发布一些新内容，主要是关于微信公众号推广的内容，这样可以为微信账号带来更多粉丝。倘若企业想使自己的微信公众账号变得独特一些，那么就应该丰富自己的应用，例如：幸运大转盘、刮刮卡抽奖以及智能客服等。对方只要加载进企业的微信，就可以获得丰富的体验。因此，丰富应用也是吸引粉丝的重要方法。

在这个信息时代，人们的生活中并不缺少资讯，缺少的是对人们有意义的资讯。发布微信内容时，只要别一味地发布各种广告，而是及时更新用户感兴趣的话题，很多用户都会自动来“粉”你，使你获得更高的关注度。

每个微信账号都可以关注很多公众账号，倘若企业想使用户时刻关注着自己的动向，那么就应该讲究内容的发布技巧，比如发布的内容最好有优惠促销信息，话语要能够打动别人。内容发布应该少而精，别让自己变成垃圾制造者。

一般来说，企业高层管理人员的观点都比较有渗透力，他们的语言对大众具有一定的影响，可以在无形之中潜移默化地改变大众的消费观念，影响着大众的消费行为。通过微信营销，能有效运用微信自身的强大影响力，刺激人们的需求，激发人们进行购买。

每次发布文章之前，都应该在文章的后面附上企业微信公众账号的推荐。这样，当文章发布出去以后，人们自然会来“粉”你。倘若发布文章的平台越好，那么粉丝增加的速度就会越快。企业可以通过一些免费的平台来发布文章，也可以使用一些需要交费的平台。对于企业宣传而言，贴吧、论坛、博客以及微博等都是极好的平台。在各个平台增加企业的曝光度，就可以使企业的微信粉丝激增。

企业可以申请一个QQ账号，通过QQ群以及QQ邮箱等资源推广微信账号。把企业的QQ头像换成微信二维码，也可以吸引大众的注意力。举办一场新品发布会，使广大的客户通过微信来签到，这样也可以增加企业微信公众账号的粉丝。

通过活动推广来增加微信账号的粉丝。活动推广可以分为线上活动和线下活动两种，线上就是借助互联网平台来推广活动。例如：可以鼓励用户在微博上发起活动，并承诺有机会获得礼品；可以在微信上发起活动，鼓励用户积极参与，并承诺有机会获得折扣礼品。这样，就能吸引很多用户。线下活动也可以参考微博，例如：餐厅想要推广微信号，那么便可以推出活动，让每一个来到餐厅的客人都关注微信，只要进行关注就可以享受折扣。

在贴吧、空间、论坛等进行推广。这类推广需要注意一些技巧，尤其是自己建立的论坛、贴吧，需要掌握比较扎实的连接、优化知识。在贴吧上进行推广，可以把企业的微信二维码做成贴吧头像。随时附上企业的核心宣传语，这样，每一次评论都成为一次宣传推广。

对于企业而言，应该多进行实践，找到适合自己的推广方式。倘若想要增加粉丝的数量，那么企业就应该先和目标客户进行互动。通过互动，可以找出有效的粉丝。另外，企业还应该善于借助各种技术，把企业的产品或服务信息传递给潜在客户。无论选择哪种方法来增加微信账号的粉丝数量，宣传的内容都应该具有吸引力。

第八章 潜在利益，点赞交际所能创造的价值

无论是微信、微博还是QQ空间，其实都蕴藏着海量的真实数据，仅仅把那些现有的应用相结合，便能创造出足够令人瞠目的价值。因此，人们要学会发现潜在利益，摸索出一条挖掘潜在客户的套路。其实，挖掘潜在利益实质是挖掘潜在客户和维护已有客户，因为你最终是要将自己的信息推广出去。像展会搜集、资料查询、邮件寻找、广告搜索等多种渠道，只要能获得成效，均可使用。

微信崛起影响着企业的发展

进入移动互联网时代，互联网的创新显得尤其重要。客服行业也在不断地寻求突破，微信的崛起刚好为客服行业的创新提供了机会。微信已经不仅仅是人与人之间进行交流的平台，它已经把很多业务流程融在里面，这为传统的服务行业提供了新的通路。企业可以通过文字、语音或视频帮助客户解决疑难问题。可以说，微信事关着很多企业的发展。

微信的出现帮助很多企业解决售后难题，为广大用户带来十分便捷的服务，达到最佳用户体验。其中，腾讯开辟的微信服务号，具有更加广阔的市场空间。对于企业而言，微信已经成为一种全新的售后服务模式。

在2013年3月时，联想官方微信客服中心系统上线，成为继呼叫中心系统之后的全新客服中心系统。和传统的售后服务模式进行比较，联想官方微信聊天的模式更加丰富一些，而且使用起来更加方便。用户可以自行选择语音、文字以及视频等多种聊天方式，和工程师们进行交流。在双方交流的过程当中，顾客可以发送图片和表情，使交流更加便捷。用户利用图片或者视频，将电脑问题直观全面地呈现出来，这样能及时地向联想服务寻求帮助。当用户向联想服务官方微信发送自己当前“位置”时，联想的工程师便可以向用户发送距离用户最近的服务网点信息。只要用户登录微信，联想服务便伴随着用户。

联想把上线的微信平台定位成多功能微信客服中心系统。通过联想官方微信的自助服务选项，用户可以随时随地进行服务网点查询、电脑报修以及配置查询等操作。倘若用户自己无法通过自助服务解决疑难问题，那么还能通过“问题咨询”向在线的工程师求助。

在与工程师进行交流时，用户能自由进行选择，通过文字、图片以及语音等方式获得服务。联想官方微信客服中心系统的出现，对移动互联网时代的客户服务行业产生一定的影响，给联想的用户带来便捷。

微信营销是诸多营销中的一种。在微信营销幕后进行操作的人决定着微信营销的力量，操作的人应该对微信营销具有一定的了解。其实，微信营销的本质是信任，微信营销的目的是成交。对于企业员工而言，应该掌握一套完整的微信营销方案。

传统的营销方式，主要是吸引客户进入商店购买产品，客户买完产品以后，商家便会和客户失去联系。倘若采取这种营销方式，那么客户进行重复购买的几率就比较低。可见，传统的营销方式比较注重短期获利，而难以获得长期收益。

采取微信营销的方式，需要进行大量的宣传，通过优惠的价格和赠品吸引更多人关注企业的微信公众账号。从长远的角度来看，虽然前期投入多，但是后期的回报却很大。因为，通过微信营销的方式，可以促使客户进行重复购买。微信营销的方式比较注重客户后续购买产品。通过微信营销，可以建立客户数据库，从而进行长期的销售。

通过微信进行营销也需要时间的积累，有了一定的积累，才能取得良好的营销效果。对于企业来说，可以借用互联网资源来开展微信营销。然而，这同样需要花费一些时间来准备，例如：做好营销策划的方案、写好公众账号里的文章以及编写促销文案等。

采取微信营销的方式并不需要投入大量资金，然而，却需要花费一定的时间。要知道，前期的投入不一定会得到回报，但是企业在互联网上所做的努力会长期地积累。有了积累，就会在某个时期获得良好的收益。通过微信进行营销需要一个过程。

随着经济的快速发展，在中国，每个公司的目的就是盈利。企业之间的竞争十分激烈，倘若想在短期内获得效果，那么就要大量投放广告。通过广告，可以在短时间内获得效果，可以减少时间的投入。对于企业和创业团队而言，在采用微信营销方式之前，要进行预算。对于那些刚刚进入微信营销的企业，应该耐心地等待。通过微信进行营销，需要积累数据库客户人数、客户的信任等。

随着微信时代的到来，很多中小企业都想借助微信来进行营销，快速获得大量利润。对于中小型企业而言，进入微信营销之后，首先应该在微信上找到企业的定位。也就是说，应该围绕着客户的需求来进行营销。根据不同客户的不同需求，进行定位。例如：倘若企业的目标人群是少年儿童，那么就应该忽略青年人和中老年人。

通过微信进行营销，应该重视内容。优质的内容可以使企业快速获取客户的信任，内容会被分享到朋友圈当中。企业能否把那些潜在的客户转化成实际的客户，内容起到至关重要的作用。对于优质的内容，社交网络用户会进行“点赞”，这样有利于企业的推广。

在发送不同的内容以后，会取得不一样的效果。发送富有情感的文字会使人感觉到亲切，发送图片会更加有吸引力。目前，很多企业在进行微信营销时会选择图文并茂的方式。在微信朋友圈中，用户看到自己感兴趣的信息，会主动“点赞”。这样，就在无形之中为企业进行宣传和推广。当用户的好友在朋友圈中看到信息时，就会主动关注，并且进行评论或者转发。这样，企业的产品就可以获得有效的宣传。通过微信营销，应该注意时间的积累和内容的质量。这样，才会获得良好的效果。企业应该花费一些时间在微信营销上，这样可以减少一些资金的投入，还可以获得长期收益。

打造独特的营销风格

我们把微信浏览率理解为微信的浏览量，倘若微信的浏览量很高，那么就表明用户的体验很好。一旦提升了用户的体验，那么微信营销的价值就随之得到提升。企业可以通过微信公众账号来实现营销，打造一条自己特有的营销道路。

企业可以通过激励的方式使用户进行评论或分享。企业能通过一些技巧来吸引读者，使其参与评论。让好友阅读、分享微信内容，看企业微信内容的人越多，受众就越多，这样就可以带来很多“粉丝”。对于用户来说，倘若有一个好友分享了自己的微信内容，那么这个内容就会被对方的好友看到，这样就增加了浏览率。

推送微信以后，倘若关注用户当时没来得及看，他也会在自己空闲时浏览。值得注意的是，倘若企业的关注用户对企业有一些疑问，那么企业就应该采取一对一的形式给用户解答。企业应该根据关注用户所回复的关键字进行内容规划，这样，就可以充分了解用户的真正需求。企业可以根据实际需求开发一些微信功能，例如：关键字快捷回复、自动应答菜单等功能。通过一些特殊功能的开发，可以提升用户的体验。

在醒目的位置展示重要文章，倘若一个用户就能认真地读几遍，那么自然会提高浏览量。企业应该在文章中加入链接，引导用户去阅读其他文章。重点显示相关文章，可以在一篇文章的结尾加上与此相关的文章链接。

女生都爱美，喜欢逛街买衣服、化妆品等，但是由于生活节奏越来越快，人们不得不舍弃掉逛街，然而，爱美的本性是不变的，所以她们会转战到手机上浏览自己想要的东西。比如女生们爱添加很多关于服装方面的公众微信号，特别是女装类真人秀一类的信息，这样，她们就可以在短暂的休息时间便捷地浏览网页，并考量某件东西是否值得购买。

快节奏的生活，使得人们做什么事情就图个“快”，浏览网上信息也力求快。因此，在微信中所发布的内容应该简单明了。微信栏目应该细化，导航应该清晰，只有注意这些细节，用户才能通过导航方便、快速地查找内容。采用合理分页的方式，这样可以方便用户浏览。倘若内容太多，会使用户观看时产生疲劳感，这样会降低用户的个人体验。

有好的信息要及时和用户分享，这样，用户就会持续关注企业的微信公众账号。企业在微信中所发布的信息要具有一定的吸引力，这样才可以使用户产生把文章阅读完的意愿。可以策划一些专题，吸引企业微信公众账号的粉丝时常进来看一看。

企业的微信内容要时常更新，如果长时间不更新内容，那么就会有人取消关注。如果想通过微信内容来提高浏览率，那么就要推广有价值的文章，也就是那些用户感兴趣的文章。值得注意的是，页面设置应该美观，给人视觉方面的享受。

通过微信公众平台，企业的产品信息可以准确地传递给目标受众。微信营销的核心在于互动。如果企业能够加强和粉丝之间的互动，可以更有效地推销企业的产品或服务，那么就可以从中获利。

企业可以搜集粉丝所反馈的意见。列出一些选项，让粉丝进行选择。做好分类工作，根据不同组别来发送信息。做一些有趣的测试，例如：星座和职业、性格和命运等。企业应该在自动回复的信息后面附上产品的促销信息，当用户提交选项以后就可以看到。组织一些有奖竞猜活动，把正确谜底放在下一道题的内容里。只要用户到官网了解信息，那么就可以加深对品牌的了解。企业要根据用户的不同需求来推送内容。

其实，微信所传播的是信任，好朋友之间的推荐可信度更高。把好的理念传递给好友，分享有价值的信息。满足粉丝的好奇心，可以举办一些活动，例如：大转盘、刮刮卡等。企业要对这些活动做好数据分析，从中发现用户的真正需求，有效地评估活动效果。

总之，企业在做微信营销时，要注意增加微信上的互动率，组织一些有意思的活动。互动的形式应该简单、有趣。如果互动形式太复杂、枯燥，那么就会使用户失去参与的热情。

采用微信营销的技巧

微信营销是一种新颖的互联网营销方式，是信息时代企业对营销模式的一种创新。微信没有距离的限制，当用户注册微信之后，可以和周围注册微信的人形成一种联系。用户订阅自己所需要的信息，企业则通过向用户提供信息来推销自己的产品，进行点对点的营销。

微信具有多种功能，例如："附近的人"、"漂流瓶"、"朋友圈"等。用户可以通过附近的人和扫描二维码等方式添加好友，关注公众账号。用户可以通过微信把内容分享给好友，把自己所看到的精彩内容分享到微信朋友圈。

微信用户量持续的增长，为微信营销带来了更稳定的基础，这也直接刺激传统企业进行微信营销。通过微信来进行营销，确实可以获得一定的红利，目前，有些企业就从中尝到了甜头。微信营销的发展前景值得期待。调查表明，有些企业通过开通微信公众账号，在微信中充分展现自身的优势。通过微信，可以凸显品牌的核心竞争力。

企业应该激励用户转发信息。社交分享的价值就在于拉动用户进行采购。也就是说，如果用户分享、收藏了一些产品，那么就表明用户对这些产品感兴趣，具有购买的欲望。对于企业而言，微信的社交分享可以促使用户完成从社交到购买的过程。

朋友圈是微信的功能扩展，朋友圈将QQ好友、手机通讯录以及"附近的人"三种渠道集中在一起，有效地帮助用户拓宽交友层面，使用户的虚拟社交圈和现实社交圈相融合。企业应该充分发挥用户分享的力量，激励用户在朋友圈进行“分享”、“点赞”。

对于企业而言，要想成功地推销出自己的产品或服务，就要先俘虏客户的“心”。通过对用户分组和地域的控制，实现微信精准的消息推送功能，直达目标用户。当用户到一个陌生的地方准备进行消费时，倘若同时查找一些提供类似产品或服务的商店，就能通过“附近的人”这个功能来进行查找，然后再向对方询问相关信息。

建立起“客户数据库”后，企业就能和客户保持在线沟通，适时了解客户需求的变化。可以通过具体的数据对客户进行差异化分析，从而找出哪些是企业的老客户，哪些是潜在客户。通过微信，可以树立良好的企业形象，向用户提供消费咨询，增加客户的消费频率。

登录微信公众平台网站，可以轻松注册微信公众账号。申请微信公众账号之后，在设置页面更换头像，建议把头像更换为企业的logo或招牌，并且在微信公众账号的信息上填写企业的介绍，这更便于人们记住企业的品牌形象。

回复设置的添加可以分为自定义回复、用户消息回复和被添加自动回复三种，企业应根据自身需求进行添加。建议企业对每日群发的信息做安排表，提前准备文字素材和图片素材。企业应根据新老客户的需求推送不同的信息，这样，回复起来也会更加方便。对于高级商户，微信可以向其推荐报表服务，汇总每日签到数、签到用户附言以及签到时间分布图等信息。

在可以预见的未来，以商家为主的促销类信息、活动类信息和软文类信息将会充斥微信平台。当微信平台的营销能力逐渐增强时，随着微信用户群的增多，将会有更多优惠券、大转盘等抽奖类信息在微信朋友圈中流动。

企业应该注重线上推广。其实，有很多线上推广微信的平台和方式，自身可以利用的媒体资源就有很多，例如：QQ群、微博、博客等，企业可以在这些媒体平台发布信息，并且附上微信二维码。这样，品牌的铁杆粉丝就会搜索并且关注企业的微信公众账号。对于大多数消费者而言，前期的推广至关重要。

其实，微信互动营销的目的主要在于增强用户黏性，使关注微信公众账号的用户成为品牌的铁杆粉丝。企业可以通过展开一些活动来吸引关注，例如：刮刮卡活动、签到打折活动以及优惠券活动等。通过这些活动，能有效地增强用户黏性。

一个企业要想通过微信来进行营销，不得不设法采取一些技巧。只有选对方法，才能成功实现微信营销。要知道，微信营销并不一定适合所有企业。也就是说，并非所有企业都可以通过微信轻松地实现营销的目的。任何企业想要在微信营销方面获得成，都应该掌握一定的技巧。无论是线上推广还是线下推广，都应该摸索出能吸引客户的套路。

电商行业的微信营销

现今有更多的传统线下零售商加入线上销售。一些电商逐渐意识到，入不敷出的营销模式根本就不可取。电商行业拥有更多的营销渠道，一般只要通过有效的营销方式便能获取红利，例如：社交网络中的“点赞”、“转发”等互动行为。

“美丽说”、“蘑菇街”都通过社会化电商分享获得了成功。目前，各种各样的导购网站出现。各种的第三方服务的发展，又产生了新矛盾：如果第三方不能发展起来，那么就会影响电商的订单量；如果第三方发展起来，可能会使电商过度依赖，从而造成更大威胁。

互联网广告价格逐渐提升，微博的活跃度逐渐下降。如今，很多行业都采取微信营销的方式。微信有着十分庞大的移动互联网用户基数，因此，微信可以给电商带来商机。对于移动互联网用户来说，微信是一种新鲜的交流工具，因此大家都愿意体验。出于好奇心，很多人都愿意点击微信上的链接。对于其他的推广渠道，大部分用户都有着怀疑的态度。

微信公众账号免费，只要电商把新老客户聚集到微信公众账号，就可以展开营销活动。然而，其他移动互联网营销通道就需要收费。综合对比，微信才是移动互联网电商推广的理想渠道。因此，电商应该重视微信营销。通过社交网络平台上的“点赞”等互动行为，可以使信息快速传播，从而起到推广产品的作用。

通过微信，可以使开发平台技术接口和电商内部所有的数据业务系统打通，实现微信闭环售前咨询、售后反馈。一旦技术打通，这一切都会自动实现。例如：对于服装类电商微信账号来说，只要用户发送指令“牛仔裤”，系统会自动在电商数据库中查询。如果用户有看中的产品，那么就可以直接打开链接，在电商网站下订单。在买完商品以后，如果用户有一些意见要反馈给电商，那么只要在微信上说一下，系统就会导入商品评价。对于那些感到满意的产品，用户会主动“点赞”，从而帮助企业进行宣传。

微信具有沟通属性，这会使电商更自信。微信本身具有一对一的沟通属性，在这样的体系中，电商进行销售就游刃有余。要知道，来自朋友的推荐更容易使人产生信任，微信营销建立了朋友圈，自然符合人们需要信任的特显。据说，目前淘宝有大概10%的流量都从微信导入。因此，微信对电商的促进作用不容忽视。

微信属于真正的F2F营销。在微信闭环生态系统之中，通过电商公众账号，用户能一站式获得所有电商服务，例如：售前沟通、售后反馈。要注意，微信是移动互联网营销的最佳入口。别的媒体营销推广也要往微信公众账号输送流量。电商要把自己的营销成本支出所获得的用户沉淀到自己的微信公众账号上。

目前，在所有的网购用户中，手机用户比例超过电脑了用户。也就是说，在未来，手机这样的移动终端将会成为网络购物的主流。微信正在试图和财付通打通，这样，就可以使微信成为未来的一个社交营销平台。因此，微信的发展前景十分可观。

微信属于强关系社交平台，是同步私密性的社交工具。通过微信，电商企业能实现移动端全流程的客户服务和购物，例如：浏览、购物以及支付等。打造智能移动购物平台，从而实现点对点的营销。当微信成为腾讯最重要移动入口时，微信便给业界带来更多的想象空间。

中国电商经历了10年的发展过程，在这10年间诞生了一批优质的电商企业，例如：美丽说、唯品会、蘑菇街、乐蜂网以及凡客诚品等。作为电商企业，应该重视微信营销对于企业的重要性。在商业中，有一个不变的规律，如果想有所收获，那么就要有所投入。即使是采取微信营销的方式，也要有一定的投入。投入足够时间和金钱，才可以有回报。

微信5.0把公众账号分为订阅号和服务号。服务号主要用来承担服务客户的任务，每个月只可以推送一次内容。订阅号则用来做媒体传播，每天可以发送一条信息。对于电商企业而言，应该掌握定位，采用订阅号还是服务号。

对于电商经营者来说，微信运营十分重要。因为，电商企业无法通过面对面沟通的方式来获取客户的信任。电商企业每个月都应该做一次运营规划，运营微信公众账号要有周密的计划，不可以盲目运营。要知道，企业的微信公众账号代表着企业的品牌形象，具有时效性。微信公众账号能不断提高品牌影响力和时效性，可以为电商企业创造利润。

运营规划包括内容规划、负责人以及阶段性目标策划等。微信公众账号规划是指对于一些基础环节的完善，基础环节包括公众账号名称、账号域名以及认证等。要知道，基础环节是企业给粉丝留下的第一印象。倘若企业无法吸引粉丝的兴趣，那么粉丝随时都可能会取消对你的关注。如果开始就可以引起粉丝的兴趣，那么粉丝就会主动“点赞”，在无形之中将企业的微信公众账号推荐出去，自然就能起到宣传产品的作用。

有一些电商企业忽视老客户的重要性，殊不知，老客户也是企业利润的创造者。电商企业应该对客户进行分组管理，从而有效提高老客户和新客户的转化率。向老客户和新客户推送不同的内容，向老客户介绍后续的一些产品，向那些潜在客户介绍其所信任的产品。要知道，老客户和潜在客户的需求不同，潜在客户不太信任企业，因此，企业要想办法赢得对方的信任。而那些老客户曾经购买过企业的产品，对企业有一定了解，并且产生了信任感，了解产品所能带给他们的价值，所以企业可以向他们推荐能获得高利润的产品。对于那些老客户感到满意的产品，老客户会主动“点赞”，把产品推荐给其他人。

老客户是企业的财富，对企业和产品有了一定的认知度，因此，电商企业应该使老客户成为企业微信公众账号的粉丝。和其他媒体相比较，微信具有一定的优势，可以使企业与老客户零距离接触，一对一沟通有利于企业向客户提供服务。电商企业运营微信公众账号时，应该想办法把那些老客户转移到自己的微信公众账号上，从而获取他们的关注。

每个微信粉丝都是电商企业的财富。随着移动终端的发展，微信的每项操作都很方便，只要粉丝愿意，随时都可以把企业的微信公众账号推荐给好友。电商企业做微信营销时，应该从粉丝的角度出发，重视内容，不断地进行改善。只有优质的内容才会被粉丝“点赞”，因此，企业应该重视发布内容的质量，别随随便便地发布内容。

通过微信朋友圈的“点赞”等互动行为，企业的微信公众账号可以快速被社交网络用户所关注，这有利于企业进行推广，获得红利。在发布的内容下面附上企业微信公众账号的二维码，这样，当别人看到内容时，自然会看到二维码，从而关注企业。一旦电商企业获得更多人的关注，那么自然可以有效地推广企业的产品或服务，从而获得红利。因此，微信公众账号具有一定的能量。透过微信公众账号，企业可以看到潜在的利益。

充分挖掘粉丝的价值

社区网络日益兴盛的时代，我们应该充分地挖掘粉丝的价值。对于企业而言，粉丝具有潜在价值。通过已有的粉丝，可以挖掘潜在客户群，还能有效地推广企业的产品或服务。通过粉丝的传播力量，可以把企业的相关信息传播出去，从而赢得更多人的关注。如果有更多人关注企业，那么企业就不用为营销发愁。

通过已有的粉丝，产生新的粉丝，这样就可以使粉丝呈分裂链式暴涨。因此，在了解了栏目和策划活动的意义以后，应该把重心放在如何引导粉丝主动传播信息上面。在栏目、功能、内容等多个方面深入挖掘，策划好话题和线上的活动。

设置栏目功能，这样，粉丝就可以根据自身需求在企业微信公众平台实现信息反馈。微信具有私密性的特点，企业能有针对性地与粉丝进行互动。在做微信营销时，首先会拥有目标人群的私密联系方式，了解这些人的需求。根据目标人群的特点来设置功能、栏目和命令。

微信是一种一对一的交流端口，企业应该与目标人群保持“我和你”的关系，逐步使目标人群对企业产生依赖感。对于企业来说，开发新客户的成本比维护老客户的成本高。通过微信营销，企业既可以维护老客户，又可以开发新客户。

大部分企业都十分注重产品以及品牌的宣传，不断地开发新产品，准备下一步广告策略，以便获得更多收益。在维护客户这方面，获得新客户固然重要，然而，使广大老客户对企业保持忠诚度，可以使企业保持长盛不衰。当然，我们必须知道，微信营销的核心在于产生信任、依赖，使粉丝充分依赖企业的微信公众平台。实际上，这种依赖就是增进和老客户的感情，从而维护老客户。因此，企业应该注重维护与老客户之间的关系。

对于企业来说，建立稳定的客户关系十分重要。向客户提供产品或服务时，应该虚心接受客户的意见和建议。这样，可以使企业的服务质量得到提升，使企业的竞争力提高。对于快速消费品来说，促销优惠可能会削减企业的利润，甚至于会赔本。

对于任何企业来说，要想展开某项工作，就要先进行市场调研。市场调研的进展是否顺利决定着工作的推进能否成功。进行市场考察以后，如果发现某项工作可以做，那么就要做出具体的行动计划。在展开一项工作之前，企业应该做好所有筹备。企业的微信公众账号有粉丝，这些粉丝是企业的目标人群。微信公众账号的功能和内容围绕着粉丝的特点。企业通过微信做市场调研会更加准确、有效。

对于企业来说，如果想玩转微信公众平台，那么就要考虑“栏目”。也就是说，要考虑目标人群的需求，考虑他们想看到什么样的问题。无论怎样，都应该方便粉丝进行阅读和选择，给用户良好的体验。在设置栏目时，企业会在产品、资质和联系方式等多方面进行设置。通过每天的群发推荐，可以告知粉丝这些栏目。注意关键词的设置，关键词越详细越好。

微信的内容可以是文字、图片、语音、音乐或视频。可以单独发送图文信息，也可以一次发多个图文信息，只要可以吸引粉丝就行。在栏目设置上，有一些技巧，例如：有些企业把微信公众平台整理成媒体的模样。企业要能充分地挖掘自身的策划能力，具有独特的个性，使粉丝感到满意。

对于那些志在建立自身品牌的企业来说，应该设置与企业相关的个性化功能，例如：南方航空微信开通办理登机牌功能，便是比较经典的案例。个性化功能对于推广自身品牌具有一定的作用，因此，企业应该重视个性化功能的设置。

策划话题和活动，保持和粉丝进行互动。微信是一对一的私密端口，因此，企业采取微信营销时应该是“我和你”的沟通，避免“我和你们”

的方式。这样，就可以使粉丝感觉到企业是和他单独沟通。

社交网络用户可以在微信朋友圈发送信息，推荐自己看好的企业微信公众账号。有人会转发信息，并主动关注企业。有人看到信息后会“点赞”，表示它们的支持。在微信朋友圈的“点赞”、“评论”以及“分享”等功能对宣传具有一定的作用。企业可以通过微信公众账号维护和粉丝之间的关系，让粉丝在微信朋友圈上宣传企业的微信公众账号。作为企业，应该充分挖掘粉丝的价值，通过粉丝来宣传企业的微信公众账号，推广企业的产品或服务。

发表容易被分享的内容

在微信朋友圈中，那些有创意的文章，通常会被网友们分享、转载或评论。有一些文章被分享的次数很高，可以达到上万次，甚至几十万次，点击阅读量更加庞大。网友有意无意地分享，会产生很神奇的力量。社交网络上的“点赞”、“分享”等互动行为可以使信息流动起来。对于企业来说，应该在微信公众账号上发布容易被用户分享的内容。

在上网时，只要我们细心观察就会发现，在微信朋友圈里，有的文章无人问津，根本没有什么点击率，而有的文章人气爆涨，有的文章甚至被分享高达惊人的数十万次。也许你会想：那些点击率达到数十万次的文章，到底是怎么回事呢？哪里有那么多人来点击呢？其实，这就是分享的力量，是朋友圈带来的神奇魔力。

我们应该知道，文章的阅读量决定了它所承担的价值量。网友的每一次分享动作，都是在对这篇文章增添价值。也就是说，当网友分享、转载一次，那么它的价值就放大了一倍或更多。又例如某以篇文章有十万人点击阅读，每个人分享十次，那相当于他的阅读量达到了一百万次，所以这篇文章的价值提升了整整十倍。

倘若能够写出这么好的文章，那只需要在文章后面加入适当的商业链接，当你的文章被大量“点赞”、“分享”以后，朋友圈里进入点击阅读的人就会越来越多，那么你的商业宣传也就会随着文章像病毒一样迅速传播出去，从而为企业带来更多的目标客户。

从上面的分析可以看出，网友的每一次分享，都是在免费提升着文章的价值。既然社交网络中的“点赞”、“分享”、“收藏”等互动可以使企业挖掘潜在客户，那就要掌握写作文章的技巧，其中关键的一点是重视文章的质量。要知道，高质量的文章更容易被用户分享。

对于企业来说，在微信朋友圈发布的内容要专业一些。例如：美容行业要在朋友圈发布内容，那么内容就应该和美容密切相关。撰写文章的作者应该对美容有独到的见解，对美容知识有深度的了解，结合实际经验进行总结。这样，文章就可以激发读者的分享热情，看文章的人就会多一些。

文章要在一定程度上给读者带来价值。要注意，在朋友圈所发布的内容应该有价值、有意义。千万别随便把几段文字凑在一起，这样不会给读者带来太大价值，难以得到读者的认可。企业应该挖掘有价值的内容，在社交网络平台上发布。

可以发现，在QQ空间、微信朋友圈中，那些被用户分享上万次的文章可以帮助到用户。例如：实用的生活常识、老中医的祖传秘方、幸福的秘密等，这些内容可以帮助到读者。使他们的生活更美好，学了以后便可以操作。这类文章不需要深刻的思想，也不要你讲什么大道理。也就是说，用户喜欢那些能立刻给自己带来好处的文章，他们通常都会进行“点赞”、“分享”、“评论”、“转发”以及“收藏”等互动行为。

那些具有看点的案例更加有说服力，可以激发读者分享的热情。小米手机在一个月内就获得10万粉丝，吸引众多网站转载，很多读者主动分享到微信朋友圈。企业能把那些成功的销售案例写成文章，在微信公众账号上发布，并鼓励读者分享。

有些人喜欢了解最近的新闻事件，企业只要结合新闻热点来创作内容，就可以吸引更多读者的关注，鼓励读者进行分享。把握新闻热点，借势创作内容。要知道，当一件事情成为热点时，就会获得很多人的关注。这样，写一些与新闻热点相关的文章就会引起大量用户的注意。因此，紧抓热点事件有助于企业的推广。

对于社交网络用户来说，应该有自己独特的观点，避免人云亦云。这样，自己所发布的内容才具有一定的吸引力。勇于找出与众不同的观点，把这个观点写成文章。在当今社会，房价问题、养老问题、求职问题以及教育问题等，都是人们所关注的问题。从这些方面入手，可以获得大量用户的关注。

在微信朋友圈发布内容，要取一个好的标题。要知道，好标题具有超强的吸引力，能在第一时间引起读者的注意。对于微信营销来说，先引起读者的注意很重要。只有激发读者的兴趣，才可以使读者阅读下去。写文章时，主题要突出。表明观点以后，对观点进行论述，然后再总结观点。对于撰稿人来说，要找到适合自己的写作手法。表述出文章的主题，打动读者。

在互联网上，可以看到很多文章的排版都不整齐。一篇好文章的排版要整齐，如果文章内容写得很好，排版也十分整齐，那么就可以吸引大量读者。在微信当中，文章的排版相当重要。要知道，大部分人都不喜欢在屏幕上看到一些排版乱七八糟的文章。

发布一篇文章时，最好配上图片。一般来说，人们都喜欢图文并茂的信息。如果是纯粹的文字信息，那么便难以吸引社交网络用户。配上图片并不是难事，对于企业来说，可以让专门管理微信公众账号的人员想办法解决这个问题。

在微信朋友圈，人们会对微信好友发布的图片“点赞”，会对一些图文并茂的文章“点赞”。通过“点赞”，信息就能流动起来。因此，要想让用户分享微信朋友圈中的信息，就应该发布容易被用户“点赞”、“评论”、“分享”的内容。

无论是在微信朋友圈，还是在其他社交网络平台，都应该发布对用户有帮助的内容，这样才容易被用户“点赞”、“评论”、“分享”、“转发”或“收藏”。通过这些互动，信息就会在社交网络中流动起来。企业可以借助信息的流动来进行推广，从而获得红利。

微信运营的相关法则

随着移动互联网快速发展，微信公众号已经成为了企业营销和服务的标配，然而，很多企业仅仅是开通了公众号，却对公众号的运营漫不经心，完全达不到预期目标。在使用微信公众号时，一定要掌握运营的相关法则，多多关注同行业竞争对手的微信公众账号，并将自己的公众账号与之对比，找出需要改进的地方，逐渐摸索出使用技巧。借鉴别人的经验，可以减少自己犯错误的几率，这也是快速发展的捷径。

不管我们从事什么行业，将自己与竞争对手的比较，可以及时发现自身的不足。要知道，在成功的道路上，竞争对手可以起到助推的作用。如果竞争对手的实力很强，那么企业就有奋斗的动力。从某种角度来说，竞争对手会使自己变得越来越强大。

企业应当认真分析自己的行业，选择适合的微信号。对于中小型企业来说，运营微信朋友圈中的生意就足够。例如：美容店、水果店、理发店、奶茶店以及快餐店等。和微信公众账号相比，个人微信号适合运营本地电商，通过“附近的人”找到潜在客户。

微信公众账号通常适合做全国性的电子商务，当然，有时也需要根据企业的具体情况而定。值得注意的是，同时运营个人账号和公众账号并不矛盾。如果同时运营着两个账号，每个号都拥有自己的特色，那么就就可以发挥互补功能，使各自的优点发挥出来。

有些企业想要把公众账号打造成App（满足用户需求的相应程序），用户可以利用App来免费听音乐、查询天气情况。然而，殊不知，这样会淡化企业核心价值。因为，也许不需要这些功能。用户可以通过其他渠道获取天气信息，免费收听音乐。

企业与客户之间的关系需要长时间的培养。对于企业来说，如果想在短时间内获得大量回报，那么就需要投入更多的人力、财力和物力。倘若企业不愿意投入过多的资金，那么就必须投入更多的时间和精力去经营。如果执行力到位，那么目标也能实现。

粉丝的数量多并不是关键，如果粉丝多却无法转化成价值，那么也没有意义。企业需要的是目标粉丝，也就是那些认可企业产品并且可以带来价值的粉丝。因此，粉丝的质量在一定程度上比数量更重要，企业别忽视粉丝的质量，不要一味地追求数量。

进行微信营销，应该结合腾讯QQ空间和微博，这样能获得较好的营销效果。因为，在微信朋友圈中所分享的内容，可以无阻碍地分享到QQ空间和微博。在未来，移动互联网营销是人脉关系链的营销，企业可以通过客户影响到其身边的一些人。

其实，用微信营销的关键并不在于微信本身，主要在于操作微信的人。对于销售人员来说，要想使微信营销发挥效果，就应该先加强和客户之间的交流，让客户深入了解自己。告知客户自己的职位、联系方式等关键信息，这样，就可以迈出推销的第一步。在进行营销之前，要做好营销策划，包括预热促销的文案、促销的时间、优惠政策等，做好完整的促销计划，然后再对计划和方案进行开展实施，进行产品促销。

企业应该创造与客户沟通的话题，与其不停地向客户推送大量内容，不如寻找话题进行深入沟通。在与客户交流的过程中，可以向客户提问，挖掘客户的潜在需求。这样，既能更多地掌握客户的资料，又可以保持微信公众账号的活跃度。企业应该善于站在客户的角度考虑问题。可以定时推送一些小知识和技巧，并不一定要推送长篇的文章。只要推送的内容能帮助到潜在客户就可以，要知道，内容的质量很关键。

企业应该重视读者的分享价值。在社区化媒体时代，每位读者都可以成为企业的传播渠道。读者的每一次分享都会给企业带来潜在客户。比如微信5.0推出“收藏”功能，就是企业可以利用的好功能，可以鼓励用户“点赞”、“分享”或“收藏”自己的优质内容。

一篇好文章，如果没有读者点击阅读，那就体现不出它的价值。它需要用户点击浏览，并且通过“点赞”、“分享”、“评论”等多种互动形式传播。企业可以引导粉丝收藏内容，或把内容分享到微信朋友圈。当然，企业也能主动通过QQ空间、微博等渠道来传播企业信息。

实际上，微信营销的本质是做会员营销。如果企业可以长期给客户优惠，那么就能促使客户长期购买产品或服务。无论是大型企业，还是中小型企业，抑或是个体小商户，都应该了解微信营销的本质，维护和客户之间的关系，长期给客户优惠。

本地微信运营的价值更高。中小型企业基本都是在做本地生意，为周边的客户提供服务，所以微信的实际价值会更大。不过，中小型企业想做本地微信运营，那么就要先解决客户数据库的问题。不过，要解决这样的问题并不难，可以通过媒体获取本地精准目标客户。

企业应当建立客户数据库

微信公众账号可以吸引企业的目标客户关注企业信息。通过微信公众账号，企业能提升客户的忠诚度和信任，从而便于向客户推销产品或服务。企业多聚拢的大量用户，其实聚合起来就是一个巨大的数据库，要知道，企业利用微信做营销的核心是做数据库营销。因为企业的产品和服务最终需要推向客户，因此，在互联网中，客户数据决定着企业的财富。

数据库营销要把精力集中在目标客户身上。企业应该通过各种有效的渠道获取目标客户，比如通过电子邮件、电话以及微信等方式深度挖掘客户，维护和客户之间的关系。数据库营销的主要目标就是与客户建立一对一的互动沟通关系。依赖庞大的客户信息库，进行长期促销活动，是一种全新的销售手段。随着互动、沟通的增多，客户会越来越信任企业。这样，企业就能向客户推销一些高价的产品或服务，从而创造更多的利润。

企业要大量获取目标客户，可以通过社交网络中的圈子来获取。因为，圈子由一群人组成，拥有庞大的人口基数。事实上，在社交网络中有很多圈子，腾讯QQ的QQ群就是一个圈子，微信群也是一个圈子。通过这些群，企业可以挖掘目标客户。企业可以参加一些行业圈子的线下活动，把企业的微信二维码印在名片上面。

如果想使客户产生更大价值，那么就要不断地跟踪，不停地为客户创造价值。这样，客户就不会产生抵触的心理，就会增加对企业的信任。要想使销售产品变得容易一些，关键在于向目标客户提供更多价值。给客户提供价值，客户就会关注并支持企业。另外，应该通过活动，把老客户转化成微信客户。通过优惠、赠品吸引目标客户，使目标客户关注企业的微信公众账号。做数据库的关键在于目标客户的数量，这对企业的财富起着决定性作用。

值得重视的是，在获取客户的充分信任之前，如果销售得太早，那么阻力就会很大。企业应该让客户体验产品，塑造产品价值，详细地描述产品的质量、服务、功效。让客户对企业的产品或服务产生兴趣，使客户认识到企业的产品能使他们的生活更美好，为此产生高度的信任感。对于企业培养起来的客户，应该进行下一步兴趣引导，为下一次销售做准备。通过不断地培养客户的信任，把客户的信任转化成企业的利润。

企业可以通过QQ空间、微博以及微信朋友圈来宣传企业的微信公众账号。在这些社交网络平台上的“点赞”、“评论”、“转发”、“收藏”以及“分享”等互动行为可以使企业信息流动起来，只要有一个用户在平台上发布信息，就会有更多人看到信息，从而关注企业。通过这些平台，企业可以挖掘潜在客户群，建立客户数据库。

在用户管理方面，企业应该把老客户、新客户和潜在客户分类整理，根据不同的客户群来分析需求，切忌乱七八糟。要知道，不同的客户群对产品或服务的需求不一样。另外，要对不同的客户群进一步分类，通常可以根据年龄、职业、爱好等分类。只有整理好客户数据库，才能够根据客户需求给企业的产品或服务定位。

同样一件产品，有的人喜欢，有的人则不太喜欢，这就是“萝卜青菜，各有所爱”的道理。因为，不同人群的需求不一样。只有针对不同客户群的需求来销售产品，才可以取得良好的效果。客户需要的产品才具有价值，也就是说，如果客户不需要某件产品，那么这件产品对于客户来说就没有价值。在产品定位上应该仔细一些，针对企业的目标人群来定位。向客户推销产品时，要看情况来进行推销，避免向客户推销他根本就不需要的产品。

如今网购十分便利，网购已成为时尚。有些网站已经在页面中设置“点赞”、“分享”、“评论”，当客户购买完一件商品以后，如果感觉

CHINA CLOSE-UP
当代中国近镜头

Creative and High-Tech China
科技改变中国

杨丹 主编

SinolinguA
华语教学出版社

First Edition 2019
Third Printing 2024

ISBN 978-7-5138-1740-0

Published by Sinolingua Co., Ltd
24 Baiwanzhuang Street, Beijing 100037, China
Tel: (86)10-68320585, 68997826
Fax: (86)10-68997826, 68326333
http://www.sinolingua.com.cn
E-mail: hyjx@sinolingua.com.cn
Printed by Beijing Zhongke Printing Co., Ltd

Printed in the People's Republic of China

PREFACE 前言

70 年前，中国是一个刚刚平息战乱实现统一、积贫积弱的落后国家；70 年后，特别是经历了 40 年的改革开放，中国经济取得了飞跃性的发展，国家实力显著提升，人民生活水平大幅提高。2019 年，新中国成立 70 周年，中国 70 年来的巨大变迁世界有目共睹。面对中国的发展，世界上充满了各色各样的目光，有热情的、好奇的，也有怀疑的、惧怕的……不管怎样，中国一直以友好的姿态敞开大门，欢迎各国朋友来了解中国的变化、中国的现实，了解百姓的真实生活……怀疑和惧怕往往因为不了解，一旦近距离接触，也许你就会交上中国朋友，并爱上这个表面很神秘其实很友善的国度——中国。

“当代中国近镜头”系列丛书就是一个让外国朋友了解当代真实中国的小窗口。通过这个窗口，读者可以深入了解发展的中国、人文的中国和作为世界大家庭重要一分子的中国。这套中英双语对照的、图书配视频的丛书，从中国特色文化、中国人的多彩生活、科技改变中国、走向世界的中国，以及中国方案合作共赢五个方面，讲述当代中国的真实故事。这些故事由丛书编者从中国互联网新闻中心和中国外文局融媒体中心制作的百余则微纪录片精选出来并精心编辑成书，每个主题独立成册，每册包含十余篇有温度、有深度的文章，配有图片。读者在阅读文章的同时，还可以通过扫描书内二维码观看视频。

来吧，亲爱的读者朋友，透过“当代中国近镜头”，近距离地看看中国吧！

CONTENTS 目录

The Special Appeal of Micius: The Scientific Spirit and the Heritage of Traditional Chinese Culture

“墨子号”：科学精神与传统文化的传承

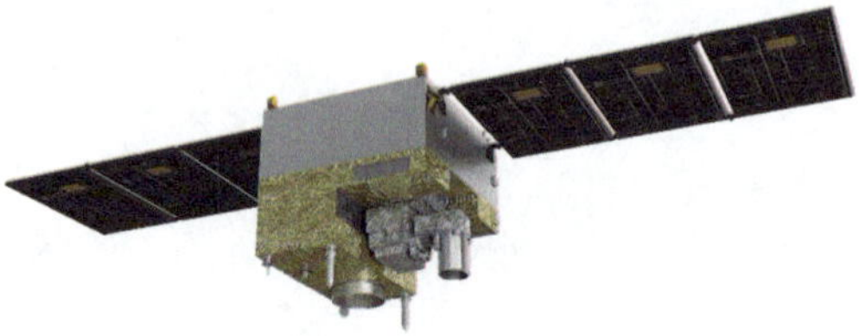

The Special Appeal of Micius: The Scientific Spirit and the Heritage of Traditional Chinese Culture

On August 16, 2016, China successfully launched Micius, the world's first quantum-based scientific experiment satellite, which will make it possible to facilitate quantum

communication between a satellite and the ground for the very first time. Reportedly, it took a long time to decide to name the satellite after the great ancient Chinese philosopher Micius (Mozi).

In ancient China, the Chinese character *zi* was a respectful title for a scholar. People are quite familiar with Confucius (Kongzi) and Laozi, the respective founders of Confucianism and Daoism, but Micius is relatively less known. He was a great thinker, philosopher, and scientist in ancient China, and he lived in an era marked by an unprecedented explosion of ideas and culture. During this time, various schools of thought coexisted and competed against each other. Micius himself founded the school of Mohism, which was characterized by an enterprising spirit and artisanship. His followers were mainly farmers and handicraftsmen from the lower rungs of society.

Micius was a strong advocate of science. He promoted the notion of "sticking to science and practicality". Over 2,000 years ago, he discovered that light travels in a straight line, and he was likely the first person to record an image with a pinhole, which, to a certain extent, laid the foundation for visible light communication and quantum communication. The "eight principles of optics", as proposed in Mohism's classic work *Mozi*, are consistent with modern science. Such advanced wisdom and scientific achievements inspire amazement and admiration even for us today.

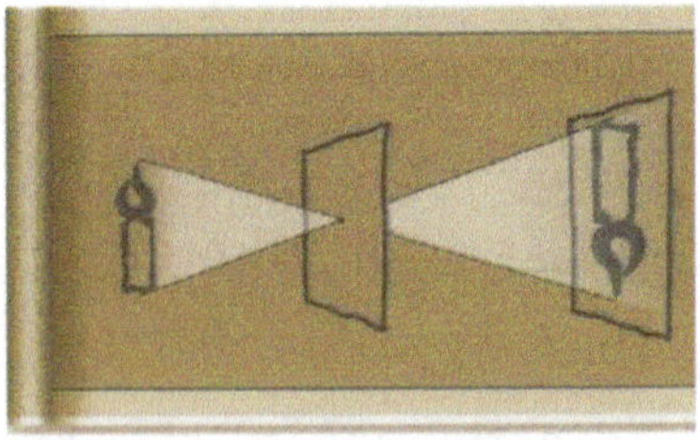

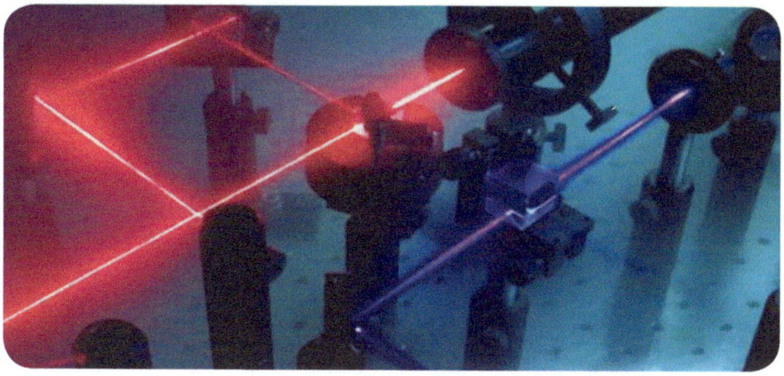

However, during the Western Han Dynasty (202 BC – AD 8), Emperor Wudi upheld Confucianism alone and banned all other schools, which reduced the school of Mohism from prominence to near extinction. Luckily, the spirit of Micius, characterized by the Chinese people's enterprising spirit and diligence, has been passed down and become an inspiration and source of power for the Chinese nation's sustained development.

Satellite Micius not only brought to the world knowledge of electronic data, but it also came to serve as a symbol of China's enduring culture.

Scan for a Video

“墨子号”：科学精神与传统文化的传承

2016年8月16号，中国成功发射了全球首颗量子科学实验卫星——“墨子号”。它将首次实现卫星和地面之间的量子通信。

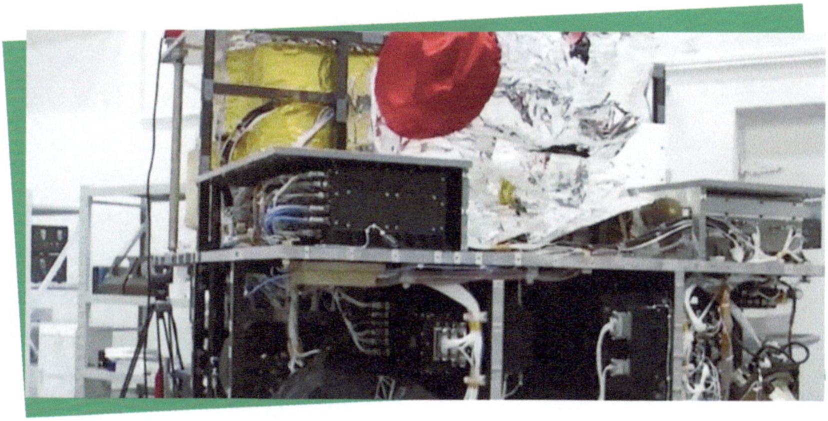

jù shuō, dāng chū wèi le gěi zhè kē wèi xīng qǐ
据说，当初为了给这颗卫星起

míng, zhōng guó de kē xué jiā men sī kǎo le hěn jiǔ,
名，中国的科学家们思考了很久，

zuì zhōng jué dìng yǐ zhōng guó de wěi dà xiān xián mò zǐ de
最终决定以中国的伟大先贤墨子的

míng zi mìng míng。
名字命名。

zài zhōng guó gǔ dài，“zǐ” shì duì yǒu xué
在中国古代，“子”是对有学

wen de rén de zūn chēng。dà jiā shú zhī de “zǐ”
问的人的尊称。大家熟知的“子”

yǒu kāi chuàng rú jiā xué shuō de kǒng zǐ、kāi chuàng dào
有开创儒家学说的孔子、开创道

jiā sī xiǎng de lǎo zǐ，děng děng，dàn duì mò zǐ què
家思想的老子，等等，但对墨子却

liǎo jiě de bù duō。
了解得不多。

mò zǐ shì zhōng guó gǔ dài zhù míng de sī xiǎng
墨子是中国古代著名的思想

jiā、zhé xué jiā hé kē xué jiā，tā suǒ shēng huó de
家、哲学家和科学家，他所生活的

时代是中国古代历史上思想文化空前繁荣的时期，各学术流派百家争鸣。而墨子开创的墨家是最具有实干精神和“工匠精神”的学派，他的学生大多是来自社会底层的农民和手工业者。

墨子非常崇尚科学，提倡“讲究科学，讲究实际”。早在两千多

年前他就发现了光沿直线传播，并且设计了小孔成像实验，在一定程度上为光通信和量子通信的发展打下了基础。墨家经典著作《墨经》中提出的“光学八条”也是与现代科学知识相通的。这些超前的智慧和科学成就在今天看来，也是让人惊讶和叹服的。

然而，到西汉时，汉武帝“罢黜百家，独尊儒术”，墨家遭受打压，不再是“显学”，逐渐隐没。但最能体现中国人实干、勤奋的墨家精神却流传下来，成为中华民族

生生不息、不断发展的精神动力和源泉。

“墨子号”传递给世界的不仅仅是电子信息，还有附着在它名字上的悠久绵长的中华文化符号和印记。

扫描上方二维码
观看相关视频

Tiangong Paves Way for China's Space Station: Space to Receive More Explorers

“天宫”为中国空间站铺路 太空迎来更多探索者

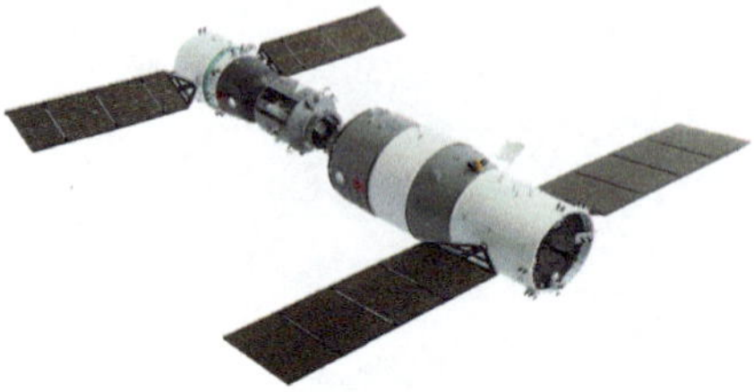

Tiangong Paves Way for China's Space Station: Space to Receive More Explorers

News that Chinese astronauts Jing Haipeng and Chen Dong had entered the Tiangong-2 Space Lab on October 19, 2016 heightened the morale of Japanese and Russian

astronauts performing missions in the International Space Station. Japanese astronaut Takuya Onishi sent a message from space through social media saying that "previously we were the only human beings outside the earth," but now that Chinese astronauts had entered Tiangong-2, a feeling of intimacy had "suddenly welled up in my heart".

On September 15 that year, China successfully launched the Tiangong-2 Space Lab. One month later, the Shenzhou 11 Spacecraft carried two astronauts into space and to the Tiangong-2 Space Lab, which it successfully docked with. These events are significant because they mark the last time China will test and verify relevant technologies and procedures before it begins its project to complete a space station around 2022.

China has always been catching up with the United States and Russia in the field of space exploration. China's aerospace industry was only just established in the 1950s. Backward economic and technological foundations made China marginalized and blockaded regarding technologies for the International Space Station then and afterwards. Since then, China has invested capital and resources into the aerospace industry and developed a strong ability to make breakthroughs and tackle difficult problems, which leads to remarkable progress in this field.

Though the international community is marveling at China's ability to independently make innovations, some countries have also begun to "panic" unnecessarily. Something important has been neglected at large, that is, China's future space station has set aside numerous platforms for cooperation with other countries and is designed with interfaces that can dock with other spacecrafts to carry out cabin section-level cooperation. In other words, China's space station is more open. Through over 60 years of development, China's aerospace industry attaches importance to international cooperation, and it is willing to help other countries develop space projects.

After reading the news about Tiangong-2, Russian astronaut and head of the International Space Station Anatoly Ivanishin stated that they "no longer feel lonely". These words reveal the genuine sentiments of astronauts

400 kilometers outside the earth's atmosphere. China's entrance into space has added two more brave explorers with dreams of peace and development to the ranks of astronauts.

Those people, who often interpret China's progress as a "space race" or even "space militarization", should rethink their positions. China is providing new opportunities for future international space cooperation and is making great contributions to space explorations for humankind. In the future, more people from other countries will enter space, and explorers throughout the vast universe will no longer feel lonely.

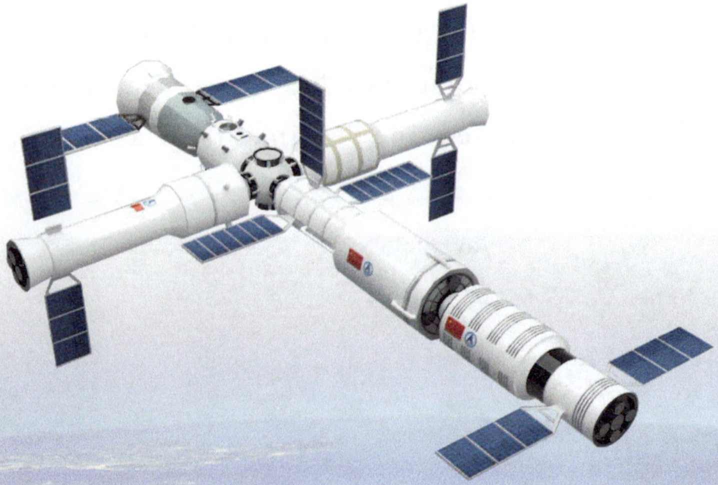

Scan for a Video

"天宫"为中国空间站铺路 太空迎来更多探索者

2016年10月19日，中国航天员景海鹏、陈冬成功进驻"天宫二号"空间实验室，这个消息让正在国际空间站内执行任务的日俄宇航员颇为兴奋。日本宇航员大西卓哉通过社交媒体从太空发来消息称，"原先在地球以外的人类只有我们"，如今"天宫二号"内进驻了中国航天员，这让他"忽然产生

le qīn jìn gǎn
了亲近感”。

nián yuè rì zhōng guó chéng gōng
2016年9月15日，中国成功

fā shè tiān gōng èr hào kōng jiān shí yàn zhàn yí
发射“天宫二号”空间实验站，一

gè yuè hòu shén zhōu shí yī hào fēi chuán zài zhe
个月后，“神舟十一号”飞船载着

liǎng míng háng tiān yuán jìn rù tài kōng bìng yǔ tiān gōng
两名航天员进入太空，并与“天宫

èr hào shùn lì shí xiàn jiāo huì duì jiē zhè shì zhōng
二号”顺利实现交会对接。这是中

guó zuì hòu yí cì yàn zhèng xiāng guān jì shù àn zhào jì
国最后一次验证相关技术。按照计

huà zài nián qián hòu zhōng guó jiāng quán miàn
划，在2022年前后，中国将全面

jiàn chéng kōng jiān zhàn
建成空间站。

与美、俄相比，中国在太空探索方面一直是一个追赶者的角色。中国的航天事业从20世纪50年代才起步。由于经济、技术条件落后，不论是当时还是后来筹划建立国际空间站，中国都遭到了技术封锁和排挤。之后，中国在航天事业上投入资金和资源，凭借强大的突破能力和攻坚能力，实现了在航天领域的巨大飞跃。

国际社会惊叹于中国的自主创新能力，当然，也渲染过所谓的“恐慌”。但很多人都忽略了，未来的中国空间站预留了很多与世界各国进行合作的平台，设计了能与其他航天器对接、进行舱段级合作的接口。也就是说，中国空间站实际上更加开放。中国航天事业60年来的发展经历让中国重视国际合作，并且愿意帮助其他国家发展太空项目。

当看到“天宫二号”的新闻时，国际空间站站长、俄罗斯航天员阿纳托利·伊万尼申说：“我们不再孤单了。”人们可以感受到，这是距离地球400公里的宇航员们真实的情感表露。中国的加入，让太空中又多了两个勇敢的、承载和平与发展梦想的探索者。

那些动辄就把中国的进步往“太空竞赛”甚至“太空军事化”

方向解读的人们应该有一个新的认识。中国为未来的国际空间合作带来了新契机，也为人类的太空事业做出了巨大贡献。今后会有更多人、更多国家进入太空，浩瀚宇宙里的探索者们也将不再孤单。

扫描上方二维码
观看相关视频

Getting by Without a Wallet in China: Mobile Innovation Brings New Experience

没有钱包的 24 小时 移动创新带来新体验

Getting by Without a Wallet in China: Mobile Innovation Brings New Experience

Have you ever tried leaving home without cash or credit cards? What would you do if you had to get by for an entire day without them? Will Ripley, a CNN journalist, spent a day in Beijing without cash, and it turned out he managed

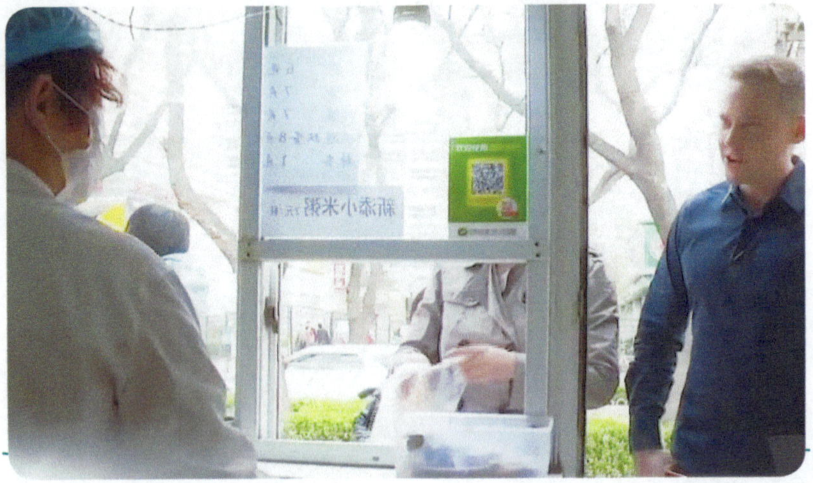

pretty well as long as he had his smartphone with him.

The journalist bought a *jianbing*, a Chinese crepe, at a hole-in-the-wall restaurant in the morning. He paid six yuan for it by scanning a QR code with his smartphone. All he had to do was input the password and the transaction was completed in a flash.

Later that day, he bought coffee at a nearby coffee shop in the same way. His colleague paid her household water bill via the phone, and Ripley later hailed a taxi to go to meet an interviewee by using a taxi app.
Ripley's day without cash represents everyday lives of

ordinary Chinese city dwellers. There are two big mobile payment platforms, Alipay and WeChat, and people are accustomed to using them in their everyday lives — from buying movie tickets and ordering takeaway to paying their rent and splitting the check when dining out together. There are also a growing number of business owners who are willing to accept mobile payments. Research suggests that retail sales of the mobile commerce sector in China were more than four times greater than that of the United States in 2015.

In recent years, overseas media outlets like CNN have paid great attention to China's booming mobile Internet. A story in the *Washington Post* quoted an interviewee who said, on Taobao and WeChat you can buy anything you want.

In July, 2016, China legalized online taxi-hailing services provided by such platforms as Uber and Didi Chuxing, making it the first country to officially regulate this industry. This demonstrates that, apart from having a massive consumer population, China's flourishing mobile Internet and high-tech industry has completely embraced a spirit of openness and forward-thinking with respect to innovation.

CNN's Will Ripley said he was at first "a bit skeptical" about spending a day in Beijing without his wallet, but

he was later "surprised to discover just how easy and convenient it is". Chinese people is experiencing new ways of life brought about by innovations in mobile technology.

Scan for a Video

méi yǒu qián bāo de 24 xiǎo shí yí dòng chuàng xīn dài lái xīn tǐ yàn
没有钱包的24小时 移动创新带来新体验

bú dài xiàn jīn bú dài xìn yòng kǎ chū mén
不带现金、不带信用卡出门？
rú guǒ zhè yàng wǒ men néng qù nǎ li néng zuò shén
如果这样，我们能去哪里、能做什
me nǐ shì fǒu yuàn yì cháng shì zhè yàng shēng huó yì tiān
么？你是否愿意尝试这样生活一天
ne jì zhě zài běi jīng
呢？CNN记者Will Ripley在北京
zuò le yí gè shí yàn tǐ yàn xiǎo shí wú xiàn jīn
做了一个实验，体验24小时无现金
shēng cún jié guǒ tā fā xiàn chū mén zhǐ yào dài yí
生存。结果他发现，出门只要带一
bù zhì néng shǒu jī jiù kě yǐ shēng huó de hěn hǎo
部智能手机，就可以生活得很好。

zǎo shang zài lù biān de zǎo diǎn tānr
早上，Ripley在路边的早点摊儿
mǎi le yí gè jiān bing kuài qián fù kuǎn shí tā
买了一个煎饼，6块钱。付款时他

dǎ kāi wēi xìn， sǎo miáo èr wéi mǎ， rán hòu shū rù
打开微信，扫描二维码，然后输入
fù kuǎn jīn é hé mì mǎ jiù kě yǐ le， mǎi yí gè
付款金额和密码就可以了，买一个
jiān bing zhǐ yòng le jǐ miǎo zhōng。
煎饼只用了几秒钟。

zhī hòu， Ripley yòu yòng tóng yàng de fāng
之后，Ripley又用同样的方
shì， zài fù jìn de yí gè kā fēi guǎn mǎi le kā
式，在附近的一个咖啡馆买了咖
fēi。 qí jiān， tā de zhōng guó tóng shì hái yòng shǒu jī
啡。其间，他的中国同事还用手机
zhī fù le jiā li de shuǐ fèi。 suí hòu， Ripley
支付了家里的水费。随后，Ripley

yòng dǎ chē ruǎn jiàn jiào le yí bù chū zū chē qù hé yí
用打车软件叫了一部出租车去和一
wèi cǎi fǎng duì xiàng jiàn miàn
位采访对象见面。

de xiǎo shí tǐ xiàn le zhōng guó
Ripley 的 24 小时体现了中国
chéng shì jū mín de rì cháng shēng huó zài zhōng guó
城市居民的日常生活。在中国，
yǒu liǎng gè zuì dà de yí dòng zhī fù píng tái zhī
有两个最大的移动支付平台——支
fù bǎo hé wēi xìn rén men yǐ jīng xí guàn tōng guò tā
付宝和微信。人们已经习惯通过它

men lái jìn xíng gè zhǒng jiāo yì huó dòng mǎi diàn yǐng
们来进行各种交易活动：买电影
piào diǎn wài mài jiāo fáng zū jūn tān jù cān de
票、点外卖、交房租、均摊聚餐的
cān fèi děng yě yǒu yuè lái yuè duō de shāng jiā jiē shòu
餐费等，也有越来越多的商家接受

移动支付。2015年，中国移动互联网的零售额已经相当于美国市场规模的四倍以上。

近几年来，很多像CNN这样的海外媒体都在关注、思考和探讨中国移动互联网领域的发展成果。《华盛顿邮报》曾在报道中援引受访者的话称，中国的电子商务世界领先，在淘宝网和微信上，人们可以买到任何东西。

2016年7月，中国首开先例，将优步、滴滴出行等网约车服务合法化。从这一举动可以看出，中国移动互联网和科技蓬勃发展的背后，除了巨大的消费者群体，还有中国面对创新的包容性和前瞻性。

zài shí yàn kāi shǐ qián hái
Will Ripley 在实验开始前还
duì bú dài qián bāo guò yì tiān de kě néng xìng chí huái yí
对不带钱包过一天的可能性持怀疑
tài dù dàn zài shí yàn hòu tā dé chū le jié lùn
态度，但在实验后他得出了结论——
cóng lái méi zhè me róng yì guo zhōng guó rén zhèng
“从来没这么容易过。”中国人正
zài xiǎng shòu yí dòng hù lián wǎng chuàng xīn dài lái de quán
在享受移动互联网创新带来的全
xīn de shēng huó fāng shì
新的生活方式。

扫描上方二维码
观看相关视频

Facial Recognition Applications Indicate China's Growing Contributions to "Future" Technology

中国进入“刷脸”时代

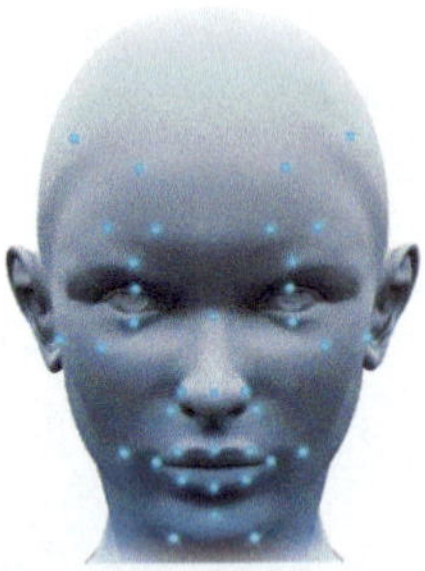

Facial Recognition Applications Indicate China's Growing Contributions to "Future" Technology

The facial recognition system of the iPhone X in 2017 drew widespread attention. Meanwhile, China also entered the era of facial recognition with much less attention.

Alipay introduced facial recognition for payments, a service called "Smile to Pay", at a KFC store in Hangzhou City, Zhejiang Province in September, 2017. Consumers can pay for their meals simply by entering the payment page, selecting the "Smile to Pay" function, and then looking at the machine. No need for cash or credit cards. Furthermore, it is reported that the system can still identify the users even if they change their hairstyle, have heavy makeup on, or are surrounded by

a group of people. Alibaba Group claimed that it was the first time that facial recognition has been put into commercial use.

In addition, some banks in China are also introducing facial recognition systems into their business, enabling their users to withdraw money from ATMs without using cards.

In fact, facial recognition is just one of the AI technologies to have boomed in recent years along with the development of deep learning, big data, and cloud computing. Having skipped the stage of paying with credit cards, China is becoming a cardless, cashless society thanks to innovations in mobile payment. The growing trends make it easier

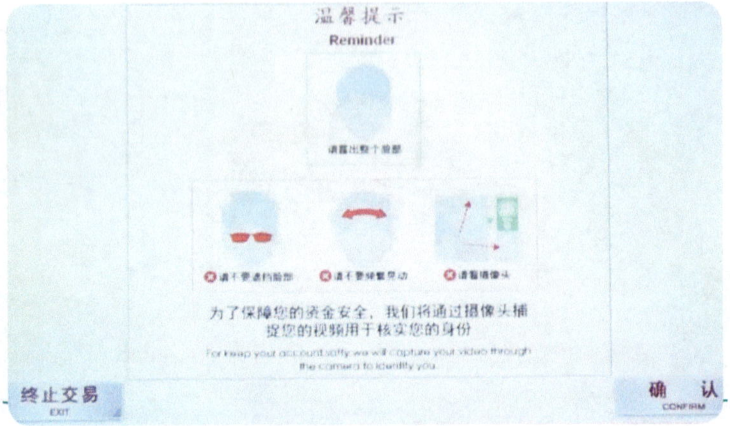

to apply facial recognition in the fields of finance and consumption.

It is likely that in the near future, Chinese people will be able to pay their bills even without mobile phones — just “smile” at the cameras.

China has seen great advances in AI, with such companies as Alibaba, Baidu, and iFLYTEK scoring remarkable achievements in the field. Meanwhile, it has drawn up its plans for AI development, aiming to be a global AI leader by 2030. This is a manifestation of its support for technology and a determination to develop itself into a world technological power.

In the future, China will certainly contribute more to the new round of technological revolution.

Scan for a Video

zhōng guó jìn rù “shuā liǎn” shí dài
中国进入“刷脸”时代

nián píng guǒ gōng sī tuī chū le
2017年，苹果公司推出了
jù yǒu chuàng xīn de “shuā liǎn” jiě suǒ gōng néng de
具有创新的“刷脸”解锁功能的
yǔ cǐ tóng shí zhōng guó yě qiāo qiāo
iPhone X。与此同时，中国也悄悄
yíng lái le “shuā liǎn” shí dài
迎来了“刷脸”时代。

nián yuè zhī fù bǎo zài háng zhōu
2017年9月，支付宝在杭州
de yì jiā kěn dé jī cān tīng tuī chū le shuā liǎn zhī
的一家肯德基餐厅推出了刷脸支
fù wú xū xìn yòng kǎ huò xiàn jīn rén men zài zì
付。无需信用卡或现金，人们在自
zhù diǎn cān jī shang xuǎn hǎo cān hòu jìn rù zhī fù yè
助点餐机上选好餐后，进入支付页
miàn xuǎn zé “zhī fù bǎo shuā liǎn fù” jìn xíng
面，选择“支付宝刷脸付”，进行

人脸识别，即可完成付款。而且据报道，支付宝的“刷脸支付”功能已经能够应对“多人＋浓妆＋换发型”的复杂场景。阿里巴巴集团称，这是世界上首次将面部识别技术投入商业用途。

除此之外，中国的一些银行也在推广人脸识别系统，无需插卡，

通过“刷脸”即可在ATM机上取走现金。

其实，人脸识别是人工智能领域发展较早的一项技术。只不过随着深度学习算法及大数据、云计算的积累，人脸识别在近些年才呈现爆发态势。跳过了信用卡购物阶段的中国，凭借移动支付创新直接进入无卡、无现金消费时代，这一支付习惯的养成，让人脸识别在中国金融、消费领域更容易推广开来。

也许还没等人们反应过来，将来在中国购物可能连手机都不需要了，只需要对着摄像头给出“一个微笑”。

现在，中国的人工智能已经取

得了长足进展，阿里巴巴、百度、科大讯飞等企业在人工智能领域的研究颇有建树。中国政府制定的人工智能发展规划中提出“到2030年达到世界领先水平”，由此足以看出中国政府对人工智能的支持力度，以及要将中国建设成世界科技强国的决心。

未来，至少可以肯定的是，在世界新一轮科技革命中将有越来越多中国的身影。

扫描上方二维码
观看相关视频

Mogao Grottoes in Dunhuang "Moved" into California, USA

把敦煌莫高窟"搬"进美国加州

Mogao Grottoes in Dunhuang "Moved" into California, USA

If you have never traveled along the ancient Silk Road, it may be hard to believe that the Mogao Grottoes, home to an extensive collection of splendid, world-class art treasures, lie in the heart of a vast desert. Fortunately, American visitors got a chance to have a glimpse of them at home.

From May 7 to September 4, 2016, an exhibition titled "Cave Temples of Dunhuang: Buddhist Art on China's Silk Road" was held by the Getty Conservation Institute from the United States and the Dunhuang Research Academy from China. Full-size replicas of three caves selected from more than 500 existing ones were showcased in Los Angeles. The Getty Conservation Institute also borrowed precious sutras from four European museums and displayed them to the public for the first time outside their respective museums.

The Mogao Grottoes were built between the 4th and 14th centuries in China when Buddhism was widespread throughout the country. With only simple and crude tools, the artists managed create sculptures of various Buddhist figures and portray magnificent landscapes and architecture in the caves. Throughout the centuries, the caves have survived earthquakes, floods, sandstorms, and wars. Now they have become an important cultural icon of the Silk Road Economic Belt, which is currently under construction. The Chinese and American institutes have been working

together for over two decades to protect the cultural heritage of the Mogao Grottoes. This major project has used the state-of-the-art technology to restore the caves and their wall paintings, which have become fragile over the years.

Such an exhibition was not one of their original objectives, but it must be admitted that after so many years of hard restoration work, "moving" the Mogao Grottoes to California represents an event of great significance. This was the first time these treasures were exhibited outside their birthplace. The forms depicted by these Buddhist statues and wall paintings are more telling than any other.

The Mogao Grottoes have always been the jewels of the Silk Road. As a common treasure of human beings, they deserve to be respected, protected, and valued by people across the globe.

Scan for a Video

把敦煌莫高窟“搬”进美国加州

如果从没有沿着古丝绸之路行走过，人们恐怕很难想象，在中国的敦煌，大漠深处竟隐藏着如此生动的世界艺术宝藏——莫高窟。而幸运的美国人民在自己的家乡就能够一睹它的风采。

2016年5月7日至9月4日，美国盖蒂保护研究所和敦煌研究院合作，举办了题为“敦煌莫高窟：中国丝绸之路上的佛教艺术”的展览。他们从莫高窟现存的500多个洞窟中选择了3个洞窟，由中国的艺术家进行1:1等比例复制，在洛杉矶展出。另外，盖蒂保护所还与欧洲的四家博物馆联系，把敦煌“藏经洞”的珍贵经文借出，这其中的一些重要文献是首次走出博物馆，进行公开展览。

莫高窟的历史可以追溯到公元4世纪至14世纪。在佛教盛行的古代中国，人们用简陋的工具在山洞里雕刻出各种各样的佛经故事，描绘出富丽多彩的山川景物、亭台楼

gé jìn qiān nián lái lì jīng dì zhèn hóng shuǐ
阁。近千年来，历经地震、洪水、
fēng shā hé zhàn luàn dūn huáng mò gāo kū dōu xìng yùn de
风沙和战乱，敦煌莫高窟都幸运地
cún huó xià lai xiàn zài tā shì zhōng guó jiàn shè sī
存活下来。现在，它是中国建设丝
chóu zhī lù jīng jì dài de zhòng yào wén huà jié diǎn
绸之路经济带的重要文化节点。

jù liǎo jiě zhōng měi liǎng gè yán jiū suǒ zài mò
据了解，中美两个研究所在莫
gāo kū wén huà yí chǎn bǎo hù shang yǐ jīng hé zuò le
高窟文化遗产保护上已经合作了20
duō nián tā men de gōng zuò jiù shì yòng zhuān yè de jì
多年，他们的工作就是用专业的技
shù shǒu duàn duì rì jiàn cuì ruò de mò gāo kū xiàn chǎng hé
术手段对日渐脆弱的莫高窟现场和

壁画进行管理修复。

虽然中美两国的研究人员在合作之初并没有想过会有这样一个展览，但不得不说，艺术家们经过多年苦心复制建造，把莫高窟“搬”进美国加州，是一个非常有价值的举措。莫高窟艺术第一次以这样的方式从它的出生地走出来，那些佛

xiàng bì huà bǐ qí tā rèn hé xíng shì dōu gèng dǎ dòng
像、壁画比其他任何形式都更打动
rén dūn huáng mò gāo kū zuò wéi zhōng guó gǔ rén liú chuán
人。敦煌莫高窟作为中国古人流传
xià lai de sī lù wén huà míng zhū shì rén lèi gòng tóng
下来的丝路文化明珠，是人类共同
de bǎo zàng xū yào rén men yǐ kāi fàng de xīn tài lái
的宝藏，需要人们以开放的心态来
fēn xiǎng gèng zhí dé gè guó rén mín yòng gòng tóng de zūn
分享，更值得各国人民用共同的尊
zhòng hé zhēn xī lái bǎo hù
重和珍惜来保护。

扫描上方二维码
观看相关视频

Online Courses Benefit Children in Poor Areas

大山里的网络直播课

Online Courses Benefit Children in Poor Areas

There are only three students at Lumacha Primary School located in a remote mountainous area in northwest China's Gansu Province. As the children from the more affluent families in the community have been sent to better-equipped schools, the three remaining students have become some of the most underprivileged members of Chinese society.

Fortunately, live streaming, the trendiest social activity among the youth of China, is transforming the classes in Lumacha. With only an Internet cable, an overhead projector, and a webcam, the three students can take online courses. A music teacher appears on the screen who provides them with instructions over how to read musical notations and correct their singing. There is also a teaching assistant present in the classroom to manage the students.

In Gansu, there are nearly 1,000 schools like Lumacha with less than five students. In order to provide better education to these children, provincial authorities launched a pilot online education project in 2017. Now, all of the schools in Lumacha's district have adopted the same class schedule and recruited excellent teachers to give online courses. By switching to video feeds, online teachers can monitor and interact with students in different schools. Live streaming has connected children in rural areas. Some outgoing and versatile students have even become "online celebrities".

The rapid development of China's Internet has brought changes to education in poor areas with underdeveloped

infrastructure and few teachers. Broadband construction in rural areas has been accelerating, and new online education companies keep springing up, bringing better public services and technologies to rural schools. The government and its national strategies have both played major roles in pushing these projects forward.

Promoting educational equity is one of the greatest concerns to the Communist Party of China and the Chinese government because it is an important basis for

social equity. Nine-year compulsory education has been implemented across the country by 2014, and now, through live online broadcasts, poor students in Lumacha Primary School can get access to arts curricula that were inaccessible in the past, reflecting even stronger efforts to realize educational equity.

China's significant progress in Internet technology and artificial intelligence in recent years has attracted global attention. At the same time, a spotlight has been shone into the poorest corners of China. It is evident that the Chinese government is working to develop its economy while still paying great attention to social equality, to enable everyone to benefit from economic growth. Some changes may take time, but they are on the way.

Scan for a Video

大山里的网络直播课

在中国西北甘肃省的偏远山区，有一所鹿马岔小学，这里一共只有三名学生，因为条件稍好的家长都送孩子去外地上了更好的学校，留下的这三个孩子便是中国最贫困人群的代表。

然而，时下中国年轻人中最火的社交方式——网络直播，正在走进他们的教室。一根网线、一台多媒体一体机、一个摄像头，教室就成了鹿马岔小学的视频直播课堂。

xiàn shang yì míng yīn yuè lǎo shī chū xiàn zài píng
线上，一名音乐老师出现在屏
mù shang jiāo hái zi men yuè pǔ suí shí diǎn míng yāo
幕上，教孩子们乐谱，随时点名邀
qǐng xué sheng yǎn chàng bìng jǐ yǔ zhǐ dǎo xiàn xià
请学生演唱，并给予指导。线下，
jiào shì li hái yǒu yì míng zhù jiào lǎo shī fù zé zǔ zhī
教室里还有一名助教老师负责组织
kè táng
课堂。

zài gān sù shěng xiàng lù mǎ chà xiǎo xué zhè yàng
在甘肃省，像鹿马岔小学这样

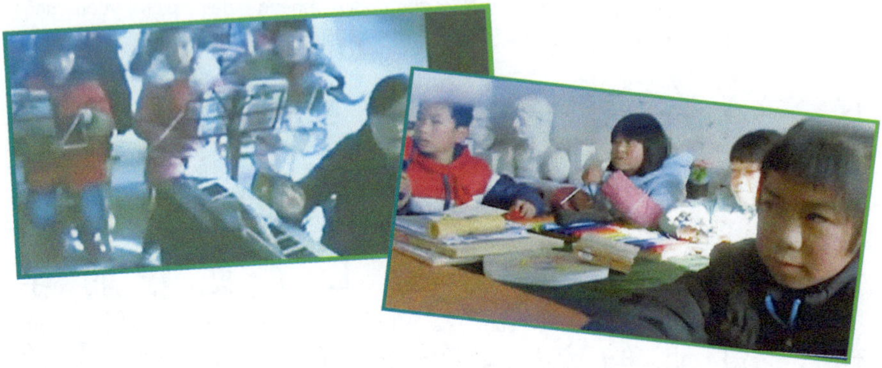

míng xué sheng yǐ xià de xué xiào yǒu jìn qiān suǒ wèi
5名学生以下的学校有近千所。为
le ràng zhè xiē pín kùn de hái zi men jiē shòu gèng hǎo de
了让这些贫困的孩子们接受更好的
jiào yù cóng nián kāi shǐ gān sù shěng kāi
教育，从2017年开始，甘肃省开
shǐ le wǎng luò zhí bō jiào xué de shì diǎn xiàn zài
始了网络直播教学的试点。现在，
lù mǎ chà xiǎo xué suǒ zài qū yù nèi suǒ yǒu de xué
鹿马岔小学所在区域内，所有的学
xiào dōu shí xíng le tǒng yī kè biǎo pìn qǐng yōu xiù de
校都实行了统一课表，聘请优秀的

教师在线上直播教学，通过视频切换，老师们可以跟各教学点的学生互动。网络直播将这些农村的孩子联系起来，有些性格活泼、多才多艺的孩子还成了他们中的“小网红”。

中国互联网的迅猛发展为这些硬件差、师资匮乏的贫困地区的教育事业带来了变化。农村地区宽带建设加快，新的互联网教育企业不断涌现，使得更好的公共服务和技术

能够进入农村学校。这背后，政府

hé guó jiā zhàn lüè fā huī le jù dà de tuī dòng zuò yòng
和国家战略发挥了巨大的推动作用。

cù jìn jiào yù gōng píng shì zhōng guó gòng chǎn dǎng
促进教育公平是中国共产党
hé zhōng guó zhèng fǔ zuì kàn zhòng de mín shēng wèn tí zhī
和中国政府最看重的民生问题之
yī yīn wèi tā shì shè huì gōng píng de zhòng yào jī
一，因为它是社会公平的重要基
chǔ zhōng guó zài nián shí xiàn le jiǔ nián yì
础。中国在2014年实现了九年义
wù jiào yù quán fù gài ér xiàng lù mǎ chà xiǎo xué zhè
务教育全覆盖，而像鹿马岔小学这
yàng tōng guò wǎng luò zhí bō ràng pín kùn xué sheng xué xí yǐ
样通过网络直播让贫困学生学习以

qián jiē chù bú dào de yì shù lèi kè chéng zé tǐ xiàn
前接触不到的艺术类课程，则体现
chū zhōng guó zhèng fǔ duì yú jiào yù zhì liàng gōng píng de gèng
出中国政府对于教育质量公平的更
gāo zhuī qiú
高追求。

jìn nián lái zhōng guó zài hù lián wǎng rén gōng
近年来，中国在互联网、人工
zhì néng děng lǐng yù qǔ dé de jù dà jìn bù yǐn qǐ quán
智能等领域取得的巨大进步引起全
qiú guān zhù ér měi dào zhè shí hou zǒng yǒu mù guāng
球关注，而每到这时候，总有目光
tóu xiàng zhōng guó zuì pín kùn de jiǎo luò dàn shì zhōng
投向中国最贫困的角落。但是，中
guó zài móu qiú fā zhǎn de tóng shí yě shí fēn zhòng shì shè
国在谋求发展的同时也十分重视社
huì gōng píng bìng nǔ lì ràng fā zhǎn chéng guǒ wéi měi gè
会公平，并努力让发展成果为每个
bǎi xìng suǒ gòng xiǎng yǒu xiē gǎi biàn huò xǔ xū yào shí
百姓所共享。有些改变或许需要时
jiān dàn shì què zhèng shí shí zài zài de fā shēng zhe
间，但是却正实实在在地发生着。

扫描上方二维码
观看相关视频

An iPhone Photo Sends a Young Chinese Photographer to the *Time*

iPhone照片让中国小伙登上《时代周刊》

An iPhone Photo Sends a Young Chinese Photographer to the *Time*

What do you usually do with your mobile phone besides making calls, surfing the Internet, sending text messages, and playing games? Taking photos would be the first

answer for many users. Now, the iPhone Photography Awards (IPPA), considered the Oscars of mobile phone photography, is dedicated to presenting awards to images selected from thousands of entries submitted by iPhone photographers. It started in 2007 when the first-generation iPhone was released, and it always shakes up our concept of phone photography.

The winners of the 2016 iPhone Photography Awards went to *The Man and the Eagle* by Chinese photographer Niu Siyuan who took a photo that outdid photographers from 139 countries. *Time* magazine carried an interview with him. *The Man and the Eagle* features an old man with his eagle, and the photo captures the moment when the eagle's

talons contact him. At this moment, the weather-beaten old man smiles softly and the proud eagle becomes quiet and gentle. The old man is from the Kirgiz ethnic group, who live in the southern mountainous area in Xinjiang Uygur Autonomous Region. They are famous for their long history of training eagles to hunt, and they treat eagles as their children.

Being born and growing up in Xinjiang gives Niu Siyuan

the opportunity to take pictures featuring profound and refined Xinjiang "flavor". In his works, Xinjiang is a mysterious and gorgeous place where the people are beautiful and warm-hearted, and the food is delicious. Niu says, "Xinjiang, my hometown, is known for its diversity. Every time when I see a beautiful scene, I can't help but snap a picture. I want to show the world the real Xinjiang." Just as *Time* stated, the iPhone is like a pen in people's hands. Good or bad, the pen itself will never write poems, the poets will.

Niu Siyuan is the first Chinese citizen to win the grand champion of the IPPA. A total of 29 image entries submitted by Chinese (including ethnic Chinese) photographers won prizes that year, which is an amazing

achievement. Currently, China is the largest iPhone market in the world. The popularization of photography tools is definitely a driving force to make it possible for people to take photographs, but the pursuit for "expression" by the contemporary youth of China is a more important factor.

We hope that more people like Niu Siyuan can be inspired by love to tell more beautiful Chinese stories through means of expression that transcend borders.

Scan for a Video

iPhone照片让中国小伙登上《时代周刊》

除了打电话之外，人们每天都在用手机做什么？上网？发信息或即时通信？还是玩游戏？对于很多人来说，用手机拍照也许会是第一答案。有一个比赛堪称手机摄影界的奥斯卡——iPhone摄影大赛（IPPA），这一比赛专门评选由iPhone拍出的摄影作品。该比赛自2007年第一代iPhone发布之时起，一直在颠覆着人们对于手机摄影的认识。

2016年的iPhone摄影大赛中，中国新疆小伙牛思源凭借照片《老人与鹰》，从139个国家的摄影师中脱颖而出，获得年度总冠军。《时代周刊》对他进行了采访。

让我们来一起欣赏一下牛思源的冠军作品《老人与鹰》：画面中一半是威严的老人，一半是高傲的老鹰，在他们碰触的一瞬间，鹰显得温驯安静，老人饱经风霜的脸上嘴角上扬，可以看出他有一颗柔软的心。照片中的老人是柯尔克孜族人，居住在新疆南部山区。柯尔克孜族人历代训练老鹰狩猎，并且把鹰视为自己的孩子。

能够拍出这样深沉细腻的新疆“味道”，与摄影师牛思源本身就生于新疆、长于新疆有着密不可分的关系。他镜头里的新疆神秘而又绚烂，新疆人美丽又热情，新疆美食更是无比诱人。牛思源说：“新疆是我的家乡，是一片多元化的热土。我看到美好画面时就会情不自禁地按下快门，用照片告诉大家一个真实的新疆。”正如《时代周刊》所说，手机就像人们手中的笔，不论好坏，笔从不会自己写诗，但诗人可以。

牛思源是第一个在 IPPA 折桂的中国人。在那一届比赛中，中国及华裔摄影师的获奖作品多达 29 幅，表现均十分抢眼。目前中国已经成为 iPhone 全球最大消费市场。手机的普及当然是助推器，但中国当代年轻人对“表达”的追求，是促使大家举起手机捕捉影像的更重要的原因。

中国故事，国际表达，愿越来越多的“牛思源”们根植于自己的爱，生发出更多的美。

扫描上方二维码

观看相关视频

11.11

Double 11, a Showcase of China's Purchasing Power and Economic Vitality

双十一：中国经济活力与消费能力的彰显

Double 11, a Showcase of China's Purchasing Power and Economic Vitality

November 11 is the craziest annual event for online shoppers in China. How crazy is it? Alibaba, a Chinese e-commerce tycoon and the initiator of the event, recorded

a stunning transaction volume of 91.217 billion RMB yuan (US$13.46 billion) on this date in 2015, and in 2016 the figure exceeded 100 billion RMB yuan. In 2018, the transaction volume reached over 210 billion RMB yuan.

All major online shopping malls racked their brains for their marketing campaigns. They rolled out a Fashion Show and a Live Webcast, along with other stylish attempts to make their promotions more appealing to young people while also adding an international touch to the day. At the beginning of 2016, Maserati opened a flagship store on Tmall, which managed to sell 100 deluxe cars in just 18 seconds. The company also launched new cars during the Double 11 that year. Apple unprecedentedly agreed to participate in that year's Double 11 promotions by halving the prices for two of its Beats headsets.

This all reflects how online malls promote their products and how consumption and sales have changed.

Nowadays, young Chinese people are used to buying any product or service on the Internet without stepping out of the house. They have groceries delivered and send for a chef to cook them dinner. Moreover, there are other strange things sold on the Internet that are beyond one's imagination. For example, you can buy a bag of fresh air from the mountains for 20 RMB yuan.

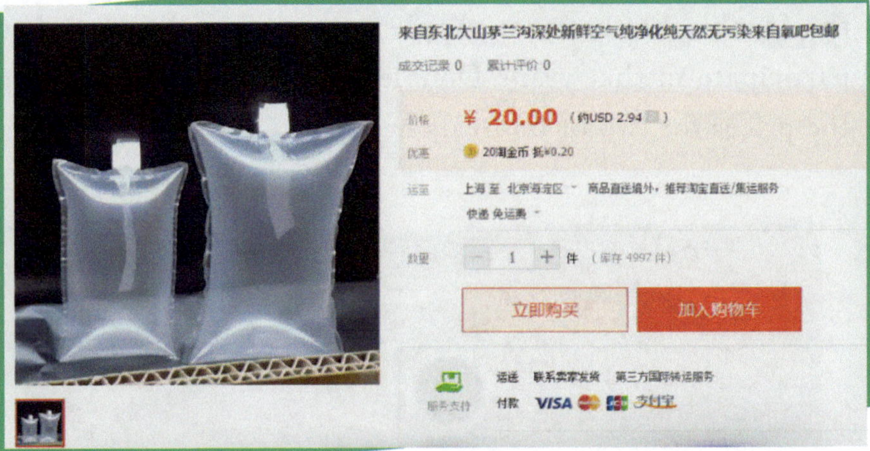

Most Chinese retailers have opened stores on Tmall or other e-commerce platforms. Online and offline businesses are now fully integrated, and people's desires to shop online have grown, fueling momentum for the Double 11 online shopping event. The parcel delivery sector in China has grown in tandem with the improving infrastructure in the country. It has greatly contributed to the prosperity of China's e-commerce and consumer market.

The variety of items sold online, particularly from the catering, culture, tourism, education, and finance sectors, demonstrates the vitality of the tertiary industry and the growing diversity of the consumer market. This amounts to great market potential despite a slowdown.

Moreover, Double 11 is more than a brief Alibaba or online shopping phenomenon, as it embodies China's growing purchasing power and its economic vitality.

Scan for a Video

11.11

双十一：中国经济活力与消费能力的彰显

每年的11月11日是中国最火爆的电商促销日和网络购物狂欢日。火爆到什么程度？网购狂欢节的发起者——中国互联网电商巨头阿里巴巴在2015年“双十一”的交易额高达912.17亿元；2016年，交易额突破千亿；而到了2018年，这个数字更是高达2100多亿元！

各大电商为了营销推广也是绞尽脑汁、各显神通，推出了时尚

xiù zhí bō xiù děng xīn wán fǎ xiàng nián qīng xiāo
秀、直播秀等“新玩法”向年轻消
fèi zhě kào lǒng gè dà diàn shāng hái fēn fēn zài quán qiú
费者靠拢。各大电商还纷纷在全球
huà fāng miàn fā lì nián nián chū mǎ shā
化方面发力。2016年年初，玛莎

lā dì zài tiān māo kāi shè qí jiàn diàn céng chuàng xià
拉蒂在天猫开设旗舰店，曾创下
miǎo nèi mài chū tái háo chē de jì lù
18秒内卖出100台豪车的记录。
zài nà yì nián de shuāng shí yī qī jiān mǎ shā
在那一年的“双十一”期间，玛莎
lā dì gōng sī hái jìn xíng le xīn chē shǒu fā píng guǒ
拉蒂公司还进行了新车首发。苹果
gōng sī yě jiā rù le zhōng guó de shuāng shí yī huó
公司也加入了中国的“双十一”活
dòng qí xià liǎng kuǎn ěr jī jià gé yōu huì
动，旗下两款Beats耳机价格优惠

一半。

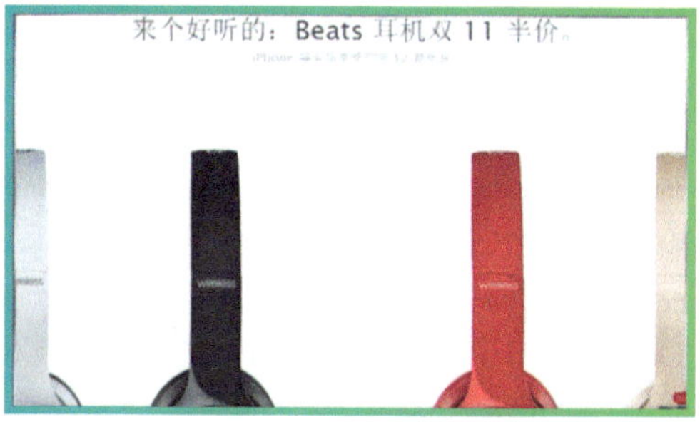

电商们的这些促销方式也反映了当下中国消费模式和销售模式的转变。

现在，中国的年轻人习惯于足不出户在网上购买任何商品和服务，比如：选购菜市场的水果蔬菜，配送上门；请大厨到家里做一顿晚餐。此外，网络上还有各种你想不到的奇葩物品，比如，花20元

qián mǎi yí dài dà shān li de xīn xiān kōng qì
钱买一袋大山里的新鲜空气。

zhōng guó jué dà bù fen líng shòu shāng dōu zài tiān māo
中国绝大部分零售商都在天猫
huò qí tā diàn shāng píng tái shang kāi le diàn xiàn shàng
或其他电商平台上开了店。线上
xiàn xià de chōng fèn róng hé jiā shàng mín zhòng yǐ jīng yǎng
线下的充分融合，加上民众已经养
chéng de wǎng luò gòu wù xí guàn ràng shuāng shí yī
成的网络购物习惯，让“双十一”
wǎng gòu kuáng huān jié chéng xiàn chū jù dà de bào fā lì
网购狂欢节呈现出巨大的爆发力。

cǐ wài jìn xiē nián lái zhōng guó de jī chǔ
此外，近些年来，中国的基础
shè shī jiàn shè yǔ wán shàn shǐ diàn shāng suǒ yī lài de kuài
设施建设与完善使电商所依赖的快
dì yè yǒu le péng bó fā zhǎn de tiáo jiàn yě wèi zhōng
递业有了蓬勃发展的条件，也为中
guó diàn shāng chǎn yè hé xiāo fèi shì chǎng de fán róng bǔ chōng
国电商产业和消费市场的繁荣补充
le jù dà de néng liàng
了巨大的能量。

cóng wǎng gòu pǐn lèi de fēng fù jí cān yǐn wén
从网购品类的丰富及餐饮、文
huà lǚ yóu jiào yù jīn róng děng chǎn pǐn zài wǎng
化、旅游、教育、金融等产品在网
luò shang de huó yuè jiāo yì kě yǐ kān chū suī rán
络上的活跃交易可以看出，虽然
zhōng guó de chuán tǒng chǎn yè zēng zhǎng fàng huǎn dàn dì
中国的传统产业增长放缓，但第
sān chǎn yè de huó lì hé xiāo fèi lǐng yù duō yàng huà zài
三产业的活力和消费领域多样化在
bú duàn zēng qiáng zhè ràng zhōng guó zài jīng jì zēng sù fàng
不断增强。这让中国在经济增速放
huǎn de bèi jǐng xià réng rán yōng yǒu qiáng dà de shì chǎng
缓的背景下仍然拥有强大的市场
qián lì
潜力。

shuāng shí yī bù jǐn jǐn shì ā lǐ xiàn
“双十一”不仅仅是“阿里现
xiàng huò wǎng gòu xiàn xiàng tā gèng shì zhōng guó
象”或“网购现象”，它更是中国
xiāo fèi néng lì hé jīng jì huó lì de zhāng xiǎn hé yǒu lì
消费能力和经济活力的彰显和有力
tǐ xiàn
体现。

扫描上方二维码
观看相关视频

Protecting the World's Cultural Heritage Through Creative Ways

保护与创新并举 人类文明可持续发展

Protecting the World's Cultural Heritage Through Creative Ways

In May 2018, the Media Arts Festival & International Youth Forum on Creativity and Heritage Along the Silk Road was held in Changsha City in central China.

Seventy-three young representatives from 51 countries along the Belt and Road had the chance to experience the unique local culture, and participated in discussions about protecting cultural heritage and driving development in creative ways.

The forum was a platform specifically for young people wanting to apply their creativity to protect their cultural heritage. It not only demonstrates the rise of a new economic paradigm for countries along the Belt and Road, but it also calls for the world to take a path of sustainable development in society and civilization.

Changsha is a city with a history of more than 3,000 years. From the Yuelu Academy to the Tongguan Kiln and Mawangdui Tombs, all these ancient structures and historical relics here mark the city's splendid culture. Changsha is also home to many intangible cultural heritages like Hunan Embroidery, Liuyang Fireworks,

the Flower Drum Opera, and Shadow Puppetry, all of them being special building blocks on which the city's cultural and creative industry grows. Backed by such a rich collection of cultural resources, the city is striving to become China's smart manufacturing center, innovation and creativity center as well as a key transportation hub.

The world has already witnessed one of Changsha's treasures, as the magnificent fireworks at the opening ceremonies of the Olympic Games came from Liuyang in Changsha, which is home to fireworks and firecrackers in China and also the birthplace of fireworks in the world. Since their inventor, Li Tian, lit his first firecracker here 1,400 years ago, Liuyang has continued making innovations to this craft, combining new technologies with arts and craftsmanship. Liuyang's world-famous fireworks and firecrackers are now exported to more than 100 countries and regions.

Liuyang's fireworks are but one example of Changsha's diverse cultural creative industry. A large number of industrial projects represented by the Malanshan Cultural Creative Industrial Park for Creative Videos have taken root in the city, paving the way for the prosperity of VR technologies, animation productions and digital media. Entertainment, publishing, animation, and other cultural creative sectors have not only fueled the transformation of Changsha's economy, but they have also led the way for the cultural creative industry of the whole country. In November 2017, Changsha was named the "City of Media Arts" in the UNESCO Creative Cities Network, introducing this creative city to the world.

China, with its Belt and Road Initiative, is striving to contribute to the exchanges, mutual learning, and prosperity of human civilizations by building communication platforms among all countries. Changsha sets a good example in this regard.

Scan for a Video

bǎo hù yǔ chuàng xīn bìng jǔ rén lèi wén míng kě chí xù fā zhǎn
保护与创新并举 人类文明可持续发展

nián yuè zhōng guó de zhōng bù chéng
2018年5月，中国的中部城
shì cháng shā jǔ bàn le shèng dà de méi tǐ yì shù jié
市长沙举办了盛大的媒体艺术节
jì yí dài yí lù qīng nián chuàng yì yǔ yí chǎn lùn
暨“一带一路”青年创意与遗产论

坛。来自“一带一路”沿线51个国家的73位青年代表近距离感受了别具特色的湖湘文化，并围绕“文化遗产保护”和“创意推动发展”展开了广泛交流。

论坛以最具创造力的青年人为主体，将遗产保护与创意相结合，向“一带一路”沿线国家展现了一种新兴经济形态，还向全世界发出呼吁：人类要走一条社会和文明可持续发展之路！

长沙是一座有着3000多年历史的古城，岳麓书院、长沙铜官窑、马王堆汉墓记刻着这里深厚的历史传承，湘绣、浏阳花炮、花鼓戏、皮影戏等非物质文化遗产，为其培育文创产业，打造国家智能制

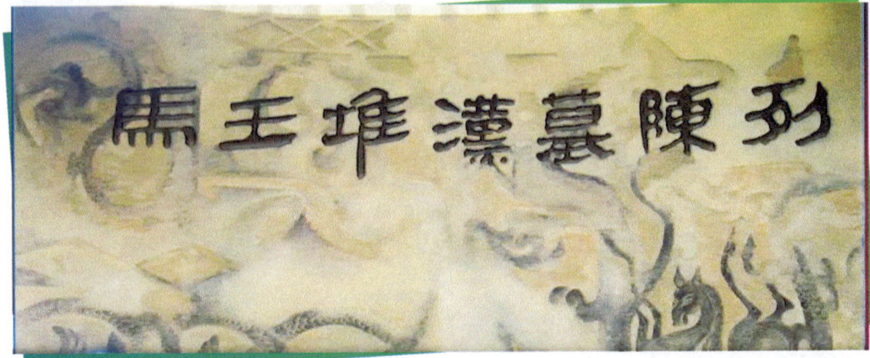

造中心、创新创意中心、交通物流中心，推进新时代全面建设现代化长沙提供了独特的文化基因。

在近几届奥运会开幕式上，令人印象深刻的绚烂烟花就来自长沙浏阳——中国的“花炮之乡”，这里是世界烟花的发源地。自1400年前花炮祖师李畋在这里点燃烟火至今，浏阳花炮将科技、艺术与制造相结合，不断创新，获得了“浏阳花炮震天下”的美誉，产品远销

duō gè guó jiā hé dì qū
100 多个国家和地区。

liú yáng huā pào zhǐ shì cháng shā zhū duō wén chuàng
浏阳花炮只是长沙诸多文创
chǎn yè de yí gè suō yǐng yǐ zhōng guó mǎ lán
产业的一个缩影。以中国（马栏
shān chuàng yì shì pín wén chuàng yuán wéi dài biǎo de yí
山）创意视频文创园为代表的一
dà pī chǎn yè xiàng mù fēn fēn luò hù cháng shā
大批产业项目纷纷落户长沙，VR

技术、动漫产业、数字媒体蓬勃发展。演艺、出版、动漫等文创产业不仅推动着长沙经济的转型发展，也引领了中国文创产业发展的潮流。2017年11月，长沙获评联合国教科文组织“媒体艺术之都”称号，这成为长沙走向世界的一张新名片。

中国作为“一带一路”倡议的提出者，致力于为各国搭建沟通平台，促进人类文明的交流、互鉴和繁荣。长沙就是一个很好的例证。

扫描上方二维码
观看相关视频

Wuzhen: Where the Global Internet Meets a Chinese River Town

乌镇：中国水乡遇上世界互联网大会

Wuzhen: Where the Global Internet Meets a Chinese River Town

Running streams under small bridges, granite pavements, houses built with black tiles and white-washed walls—this is Wuzhen, a water town located in southeast China. It is

emblematic of traditional Chinese river towns. Many people may not associate Wuzhen with Internet entrepreneurs or smart technology, but now it has become the permanent host of the World Internet Conference since the event was first held here in 2014.

Chinese President Xi Jinping is particularly attached to this town. He has visited it five times in just six years. In 2015, he attended and delivered a keynote speech at the 2nd World Internet Conference. He was impressed with the fresh charm the Internet had brought to the ancient town, and he also commented that an Internet-based, smart Wuzhen is the epitome of Internet innovation throughout China.

When thinking about Internet companies, names like Google, Amazon, and Facebook might come to mind. But you probably haven't noticed that Chinese Internet companies began to emerge and thrive when the country went online over 20 years ago.

For example, of the many Chinese Internet tycoons, you've probably heard of Jack Ma, the man who provided the world with a low-cost, convenient online marketplace. His Alibaba Group produced record earnings of 213.5 billion RMB yuan (about US$30.9 billion) during the November 11 shopping gala in 2018.

Another example. Perhaps you think Apple is legendary? Well, there is another company that has the guts to compete with Apple. It's Xiaomi whose Chinese-made smartphone has already become well established in the global market on account of its high quality and jaw-dropping prices. Lei Jun, the founder of Xiaomi, has claimed that his company will become the world's largest smartphone company in ten years.

It may not be easy for an outsider to fathom the profound evolution taking place in the Chinese Internet industry. But it is simply a fact that in 2015 four Chinese companies were listed among the world's top ten Internet companies. Innovation made by the Chinese Internet has greatly benefitted the world.

In traditional Chinese culture, water symbolizes the virtue of "acceptance and tolerance". Hence the country has always welcomed the arrival of new technologies and fine cultures from across the globe.

During his speech at the World Internet Conference, President Xi Jinping highlighted and conveyed a clear message of cooperation, mutual trust and benefit, and shared development. China is willing to work with other countries to build more platforms for exchanges and

cooperation, increasing mutual understanding and allowing many nations to share the fruits of development.

However, the foreign media seems to be more concerned about China's Internet censorship. In fact, China does not control the Internet; but rather, it prevents disorder and wrongdoings that would jeopardize national security, and it carries out these policies in accordance with the law.

In recent years, abusive cyber surveillance, network attacks, and Internet terrorism have been on the rise, posing a global challenge to cyberspace security.

During the conference, President Xi Jinping made an urgent call to reform the global governance of the Internet and highlighted the need to produce universally accepted rules for the cyberspace, which would guarantee the promotion of a fair and efficient system for governing the Internet.

The Internet connects every region and country together. In the future, China will work together with the rest of the world to safeguard cyberspace security, build a cyberspace community for a shared future, and share the fruits of Internet development.

Scan for a Video

wū zhèn zhōng guó shuǐ xiāng yù shàng shì jiè hù lián wǎng dà huì

乌镇：中国水乡遇上世界互联网大会

xiǎo qiáo liú shuǐ hēi wǎ bái qiáng qīng shí bǎn
lù zhè li shì zhōng guó dōng nán bù yí gè jiào zuò
wū zhèn de dì fang zhè ge zhěn shuǐ ér jū de gǔ zhèn

小桥流水，黑瓦白墙，青石板路，这里是中国东南部一个叫作乌镇的地方。这个枕水而居的古镇

符合人们对中国江南水乡的所有想象。很多人可能不会把这样一个充满古韵的小镇与“创客”“智能化”等字眼联系起来。然而，自从2014年第一届世界互联网大会在这里举行之后，乌镇已经成为世界互联网大会的永久会址。

中国国家主席习近平与乌镇可谓是感情深厚，他曾在6年间5次到访。2015年，第二届世界互联网大会召开，习主席出席大会并发表主旨

演讲。习主席特别关注到互联网基因带给古镇的新魅力，他提到，乌镇的网络化、智慧化正是中国互联网创新发展的一个缩影。

提起互联网企业，你可能会想到Google、Amazon、Facebook，但你可能不了解，中国自从20多年前接入国际互联网以来，正处在生机勃勃的发展进程中。

比如，在这些中国的互联网大咖中，也许你只认识他——马云（Jack Ma），这个正在为全世界消费者提供一个低价、迅捷的网上购物通道的人。他创始的阿里巴巴集团在2018年的“双十一”全球购物狂欢节中，创造了交易额超2135亿元人民币的世界纪录。

再比如，也许你觉得苹果公司很厉害，但是，在中国就有人敢“叫板”苹果。中国的小米手机凭借高品质和低到让人尖叫的价格现已站稳全球市场。小米科技创始人雷军曾放出豪言壮语，小米要在10年内做成世界第一的智能手机公司。

这样一个由互联网行业并驱争

先、蓬勃发展带来的深刻变革，如果不是身处其中，你是很难体会到的。截至2015年，中国已有4家上市公司进入全球互联网企业10强。中国互联网创新发展成果也在造福世界。

在中国传统文化里，“水”象征着“包容”的美好品德，中国也始终敞开怀抱，拥抱着来自世界各

地的新技术和优秀文化。

习近平主席在大会演讲时强调了同舟共济、互信互利、共享发展的理念，向世界传递了合作共赢的信号。在这一点上，中国始终愿意与各国搭建更多沟通合作平台，让人们增进理解，共享发展成果。

然而，西方媒体更关注中国的网络安全审查制度。事实上，中国做的不是要“管住”网络，而是依照法律对网络乱象及危害国家安全的网络活动加强治理。

近年来，在世界范围内发生的网络监听、网络攻击、网络恐怖主义活动等也让大家看到，网络安全已成为全球性挑战。

习近平主席在大会上倡导推动

hù lián wǎng quán qiú zhì lǐ tǐ xì biàn gé， zhè shì fú
互联网全球治理体系变革，这是符
hé shí jì de pò qiè yāo qiú； tā qiáng diào zhì dìng pǔ
合实际的迫切要求；他强调制定普
biàn jiē shòu de wǎng luò kōng jiān guó jì guī zé， zhè shì
遍接受的网络空间国际规则，这是
cù jìn quán qiú hù lián wǎng zhì lǐ tǐ xì gèng jiā gōng zhèng
促进全球互联网治理体系更加公正
hé lǐ、 yǒu xiào yùn xíng de bǎo zhàng。
合理、有效运行的保障。

hù lián wǎng jiāng shì jiè gè guó jǐn mì lián xì chéng
互联网将世界各国紧密联系成
wéi yí gè zhěng tǐ， wèi lái zhōng guó jiāng yǔ gè guó yí
为一个整体，未来中国将与各国一
dào， gòng tóng wéi hù wǎng luò kōng jiān hé píng ān quán，
道，共同维护网络空间和平安全，
gòng jiàn wǎng luò kōng jiān mìng yùn gòng tóng tǐ， gòng xiǎng hù
共建网络空间命运共同体，共享互
lián wǎng fā zhǎn chéng guǒ。
联网发展成果。

扫描上方二维码
观看相关视频

策划编辑：韩　颖
责任编辑：杨　晗
英文编辑：薛彧威
封面设计：几何创想
印刷监制：汪　洋

图书在版编目（CIP）数据

当代中国近镜头：科技改变中国：汉英对照 / 杨丹主编．-- 北京：华语教学出版社，2019.7
ISBN 978-7-5138-1740-0

Ⅰ．①科… Ⅱ．①当… Ⅲ．①技术革新－成就－中国－汉、英 Ⅳ．① G322

中国版本图书馆 CIP 数据核字 (2019) 第 068751 号

当代中国近镜头：科技改变中国

杨丹　主编

*

华语教学出版社有限责任公司出版
（中国北京百万庄大街 24 号　邮政编码 100037）
电话：(86)10-68320585, 68997826
传真：(86)10-68997826, 68326333
网址：www.sinolingua.com.cn
电子信箱：hyjx@sinolingua.com.cn
北京中科印刷有限公司印刷
2019 年（16 开）第 1 版
2024 年第 1 版第 3 次印刷
（汉英）
ISBN 978-7-5138-1740-0
007900